未来波動が教える病気の正体

野村文子
Fumiko Nomura

たま出版

はじめに

平成17年8月に「波動で見抜く人生の真実」という本を出版してから何年もの歳月が流れました。

諸事情により健康に人一倍目覚め、おかげで良い人良い物に出合い、最後に切っても切れない最愛の波動に出合うことができました。波動に出合い10年目、そして霊の世界に目覚め、また近年は細菌やウイルスの世界にも目覚め、ハンドパワーの世界にも目覚めてきました。

それもこれも、波動機によって目には見えない世界を、確実に解明でき、それが正しいということが結果を出すことによって証明できてきたからです。波動機で測定し、数字を出すことは、波動機を取り扱っている人なら誰でもできることだと思います。

しかし、現在私が取り組んでいるのは、霊障があるかどうか、菌やウイルスが付いていないか、付いていれば、どのような種類のものが、身体のどこの部分に、どれくらいの数がいるのか等を見つけてしまい、その場でそれらを塩の中へ入れたり、吸着板で取り除いたり、ハンドパワーで天国にいっていただくのです。そうすると、その場で世にも不思議なことが起こってしまうのです。簡単に言えば、イエス・キリストがなさっていたような業《わざ》ができてしまうのです。その昔、イエス様も浄霊をなさっていたのではないでしょうか？

私は、霊能者ではありませんので霊を見ることはできませんが、波動機では誰よりも詳しく見抜くことができます。また最近では反対に霊能者やマジシャンの方も、どのような霊が憑いているのかわかるようになり、誰でもわかる証拠写真もいっぱいです。そして、憑いた霊の性格、病気、どこにどれだけ憑いているか等がわかるので、それを浄霊して、人や動物の精神や病気などを改善していきます。また菌やウイルスなども人間や動物、また機械や商品などに付いていても、同じように除去することによって改善されてきます。

私は占いがあまり好きではありません。占いはあくまで占いであって、事実、真実とは断言できません。私が追い求めるのは、真実のみです。

これから、いろんな測定結果や体験などを述べていきますが、初めて聞かれる事実に、読者の皆様も信じがたいことがたくさん出てくると思います。大げさに言えば、人類始まって以来のことばかりなので、ノーベル賞に例えれば、1個じゃ足りないくらいの事柄と自負しています。

わずかな時間、ただ座っているだけで、病院で原因不明の病気でさえ原因がわかり、それをその場で取り除くと、ほとんどの方はその場でみるみる変化が出てきて、その場で楽になってしまいます。

また、取り除いた菌・ウイルス・霊などは、1、2分で天国に上っていただきます。そしてそれらの一部始終は測定してもらっている本人にも音と数字で理解されながら行われることで、悪い人のマイナスの音や数字が、反対のプラスの音や数字に変わった時、本人も同じように楽になってくるのです。ただし何年も患っていた人は、数が膨大で血液の中にまで入っているので、その後も、見えない世界のお掃除を続けていく必要があることもわかってきました。

そしてそれは、どれだけ信念を持って貫き通せたかで、結果も違ってきます。

このように簡単であり明確な、誰にも理解できる真実は、今までにないことなので、学者の方や権威のある方が聞かれると、せせら笑って聞く耳を持たない人もおられるでしょう！

現代の医学や社会情勢では、まだまだ解明できにくい分野です。私はまだまだ未熟者ですが、私の生いたちや環境により追究心・探求心が人一倍強かったので、世界に先駆けて取り組んでまいりました。

不思議なことに、人との出会いや品物との出合いも、その時代、その時、必要な人・物に出合わさせていただき、少しずつ発見成長させていただき、今日があるのだと思われ、すべてに感謝させていただきたいと思います。

目次

第5章　霊・菌・ウイルスの災いを命を懸けて実証してくれた主人　185

第6章　寄せられた霊障実話　222

（巻末付録）なるほど・感動・不思議・発見　288

動物の身体と心の中／誰でもよかった殺人事件／神経疾患・アルコール依存症事件／同じ霊団の集まり／有名人の死／線維筋痛症患者２００万人、痛みとの戦い／10倍の早さで老いる／原爆・墜落・テロ／原因不明の難病／女の事件／悪徳詐欺事件／独裁者最後の心中《しんちゅう》／たくらみ・もくろみ波動／悪魔払いの儀式／エジプト３千年の歴史がよみがえる／世界の恐怖映像分析／性中枢異常事件／事実を知って信じていただきたい有名人

序章　波動測定と霊

霊とは思念の固まり

人は亡くなると魂はぬけ出して天国へいき、また何度も生まれ変わり修業を重ね、魂の向上をめざしていると言われています。私も実際見てきたわけではないし、その説が本当なのかどうか証明できませんし、難しい問題です。

ただ、自分の研究を通してわかってきたことは、霊魂は天国へいっても、非常に強い、悲しみの念、怒りの念、痛みの念、執着の念等の思いの念が残ってしまったのを霊という言葉で表されているのでは、ということも考えられるのです。

なぜなら、その思念の固まりは数がさまざまで、マイナス5くらいから何百、何千、何万というふうにさまざまの固まりで、またそれが分離もしますし、条件が良ければどんどん増えてくるのです。そのようなことを考えると、霊魂が分離するということは考えられないし、思念だったら、分離したり、くっついたり、増えたりすることも考えられる。

ということから、霊とは思念の固まりで、あまりに数が多いときは波動も強くなり、オカルト写真のように姿が出てきたり、消えたり、変形した型で写真に写ったりすることもあります。また一般に丸い球形のものはオーブといわれていますが、それらは思念の数が少ないほうです。いずれも、その異常部分の上に検知棒を乗せて測定すると、何の霊で、どこが悪くて亡くなったのか、どのような性格だったのか、どれくらいの数の集まりなのか、すべて解明できます。

またそれが真実だということも、事実と合致しているので間違いないと思っています。結局、霊というより思念と言ったほうが正しいのかもしれませんが、読者の方々や世間一般の人たちには、思念という言葉はなじみがなく、理解しづらいと思いますので、この本では思念の他にも霊とか霊障という表現でも書かせていただくことにしました。ご了承ください。

波動測定で見えてきたもの

昭和48年8月1日、奇《く》しくも私の人生が変わってしまった、生涯忘れることのできない日、1歳1カ月で亡くなってしまった長男・直由の命日です。

そして、偶然にも同じ8月1日、波動と出合うことになったのでした。その波動のおかげで直由の死の原因も解明されると同時に、世界中の未知の分野の扉が開かれてきました。

波動とは、前作でも述べましたが、簡単にいえば人間も鉱物も植物も含めて、いっさいのものの原点ともいうべきものです。現代の科学では、人間の体をつきつめていくと、細胞→分子→原子→素粒子（ニュートリノやトップクォーク）になると言われています。素粒子以降は、宇宙エネルギーとされ、そこに波動・気・相があると言われています。動物・植物・鉱物・写真・建物・土地などすべてのものから気が出ており、波動機でそれ（気）をとらえることができます。

私はＬＦＡ（ライフ・フィールド・アナライザー）の波動機を使用しています。それも含めて多くの波動機は、プラス20（高いエネルギー）、マイナス20（低いエネルギー）の数値で表され、マイナス度が高いほど悪いと評価されています。

そういうなかで波動機の扱いを独自の発想から研究と実験を重ね開発したやり方で、人間や動物、また植物や商品などにもついている霊・菌・ウイルスの有無や数量など、把握でき、憑いている人や物から取り出し、天国にいっていただくことなどもできるようになり、それらをかみ合わせながら波動機を取り扱っていくと、おのずと見えない世界が見えてくるのでした。

これからいろいろな体験を含め、実験・証拠写真・測定結果などを述べていきますので、それらを読んでいただき、読者の方々の判断を仰ぎたいと思います。

なお、本文には多くの数値が出てきますが、それらの数値は、私自身がセンサーとなることによって測定したものです。人によって多少違うとも言われていますが、一人が測定したものは、その人がすべてを測定することによって基準データが合ってくるとも言えます。この本の中の測定はすべて私が測定した結果のデータということをご承知ください。

また、接骨院などに、各脊髄の症状が記載されている人体図が掲げてありますが、それを元に測定していくと、いち早く原因を探し出すことができ、おのずと答えが出てくることが多いので、この図を利用させていただいています。記載しておきますので参考にしてください。

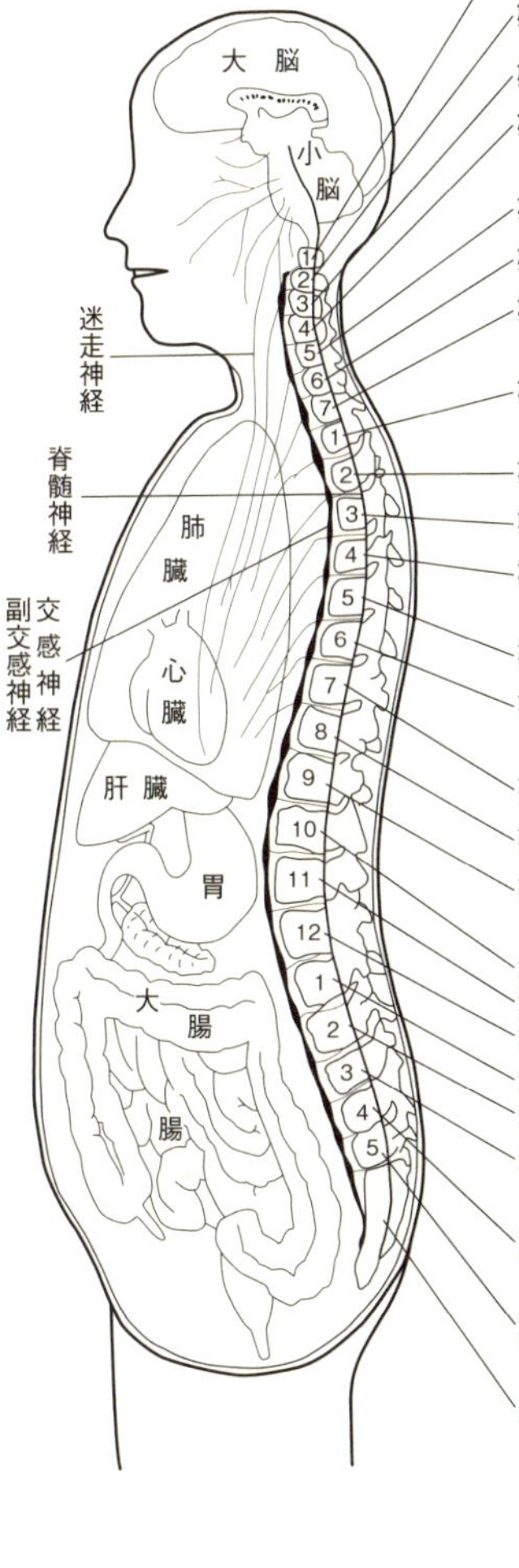

第１頸椎	神経衰弱・ヒステリー・不眠症 神経疾患・半身不随・めまい
第２頸椎	頭痛・斜頸・ムチ打ち症・尿毒症
第３頸椎	難聴・鼻疾患・眼疾患・肩こり
第４頸椎	三叉神経痛・弱視・胃ケイレン 歯疾患・耳疾患・扁桃腺炎ほか
第５頸椎	ムチ打ち症・気管支喘息・喉頭疾患
第６頸椎	甲状腺腫・喘息・バセドー氏病
第７頸椎	動脈硬化・ムチ打ち症・胃痛・気管支炎 心臓病一般・上肢疾患
第１胸椎	胸筋、頭部疾患・血圧亢進症 心臓内膜炎・外膜炎・肺気腫
第２胸椎	心臓病一般・動脈硬化・乳汁欠乏
第３胸椎	肺結核・肺炎・肋膜炎・一時性窒息
第４胸椎	肝臓疾患・胃酸過多・欠乏症 糖尿病・黄疸・肩こり
第５胸椎	胃病一般・下痢・悪寒・膵臓炎
第６胸椎	胃疾患・血栓・腎臓病一般 肋間神経痛・消化不良ほか
第７胸椎	胃疾患・胃潰瘍・食欲不振
第８胸椎	腎臓病一般・糖尿病・消化不良
第９胸椎	小児マヒ・下肢麻痺・膽石 運動不足による内臓疾患
第10胸椎 第11胸椎 第12胸椎	腎臓病一般・リウマチ・貧血 心臓弁膜狭窄症・糖尿病・充血 尿失禁・貧血・不妊症・肝臓疾患
第１腰椎 第２腰椎	胃腸病一般・便秘・神経性疲労 皮膚炎・貧血・不妊症・肝臓疾患
第３腰椎	卵巣疾患・月経閉止、困難 子宮病一般・生殖器疾患・尿道炎
第４腰椎	便秘・腰痛・座骨神経痛 膝関節疾患・痔疾・歩行困難症
第５腰椎	痔疾・リウマチ・局部マヒ 足腰の冷え・直腸出血・子宮疾患
尾《び》閭《りょ》骨《こつ》	膀胱、直腸、生殖器疾患 座骨神経痛・神経性疾患

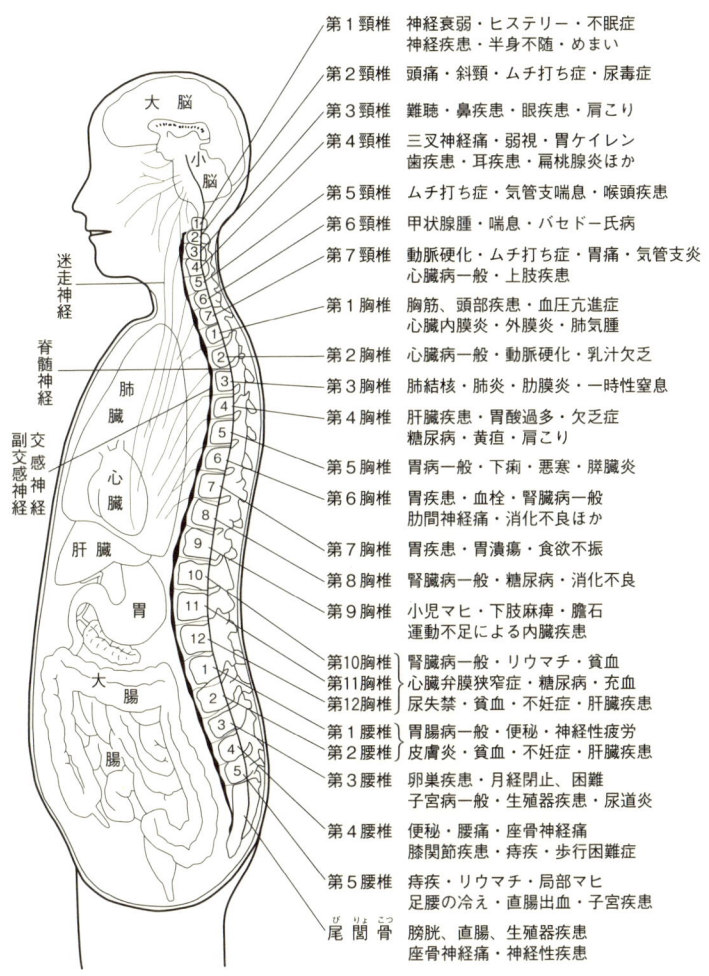

波動機のコード番号

私が使用しているLFAの波動機には4ケタと2ケタの数字が入力できるようになっています。また数字は0〜9まで、アルファベットはA〜Fまで、全部で16の数のそれらの組み合わせから、1700あまりの単語が一つ一つ意味を持って成り立っています。

神経系・消化器系・呼吸器系・〜感染症・細菌・〜感情、チャクラ・色・ビタミン・食品・虫など、すべての分野に至るまで、事細かに4ケタの数字やアルファベットの組み合わせでさまざまなコード番号が書かれています。自分が測定したい項目の単語をより出し、そこに書かれたコード番号を波動機にインプットして、それに対してマイナスなのかプラスなのか見ていきます。コード番号によって波動機の中にその詳しい内容がインプットされているわけではないようですが、摩訶《まか》不思議なことに、すべて現実と一致してしまうのです。

どうしてそうなるのか、現代の物理からは説明がつかない分野なので、まだまだ公には認められそうにはありません。毎日扱っている私にも説明できません。ただ聞いたところによると、左の手のひらに一ふり一ふりグローブを押し当てて、数やプラス・マイナスを出していき、手が痛くなったり、気が遠くなるような、地道な動作の連続ですが（慣れれば簡単です）、その一ふりごとにあたる手のひらの中に機械では永久にできないだろう何百万というデータが入っていることから、おのずと答えが出てくるのだとか、というお話を伺いました。

それで私も、神様が創造された人間の身体にはいかなる機械も勝てないだろう！　だから答えが出てくるのだ、という結論に達し、自分の感情を入れずに、これはどういう答えですか、という気持ちで波動機に問いながら使用しています。

テレビでたくさんの情報を頂いていますが、例えば、癌やウイルス・細菌の写真では、本当にそのとおりに癌やウイルスと、測定でも同じように出ますし、事件を起こした三面記事の人物には、怒りや偽りと同様に出てピッタリ合いますし、皆さんが「なぜだろう？」と言っているのも解明できてしまうので、教えてあげたいくらいです。そのようにコード番号はドン・ピシャと当たることをご承知ください。何十年先か、その謎も誰か解明してくださるでしょう。

本の中で表されている数字の解釈

この本に出てくる数字の見方ですが、霊や菌・ウイルス等、取り出したり消滅させたりできるようになったおかげで、数の把握もできてきました。この技術は私が何年もかかって波動機を使い、研究・実践してきた結果、発見・解明できたことです。

この例では、思念・菌・ウイルスの3種についてのことを記してあります。

例　思念㊀50→㊀5×10

見方　㊀5の悪い波動を持った思念10個の集合体

例　菌㊀300→㊀4×75

見方　㊀4の悪い波動を持った菌75個の集合体

例　インフルエンザウイルス㊀9000→㊀6×1500

見方　㊀6の悪い波動を持ったインフルエンザウイルス1500個の集合体

マイナス度が多くなるほど悪く、プラス度が高くなるほど良くなります。

例えば、痛み㊀3くらいの思念が憑いていたとすると、痛いけれど激痛ではないので、仕事も我慢すればできる。㊀4以上になってくると、痛くて我慢できないほど、また、憑いている数もだんだん増えてくると、ますます悪化してくることになります。

それらが取り除かれた時、元の身体に戻ってくることになります。

サタン霊とは

波動項目の中に、サタン39A1というコード番号があります。

サタンでマイナスが出た時、サタンとはどのような心の持ち主のことなのだろうか？と見てみることにしました。すると、サタンでマイナスが出たすべての霊が、感謝・自己中心・虚偽・協調性・道徳等の項目がマイナスになってきます。

そして、テレビ等で報道された巨悪犯人ほどマイナスの数字が高く、また、周りで測定されるサタンは、同じサタンでマイナス波動が出ても数字が低く出てくるので、なるほど、これだから世間を騒がすまでもいかないのか、と納得できるのです。

また、例えば仮にサタン霊を浄霊できたら、その人は元の自分に戻れるのか、という疑問が出てきます。

巨悪事件を起こした人のを測定してみましたが、霊障が取り除けたとしても、もともとの感謝・自己中心等の波動が一般の方より低い数字で出ました。波動が合ってしまい、ひき寄せてしまったのでしょうか？　また、事件などを起こした人で、昔はそんな人ではなかったのに、と言われる人も多々あります。そういった人たちは途中で憑かれ、少しずつ数が増えていき、自分でも歯止めが効かなくなり、事を起こしてしまったのでしょう。私でも皆さんでも、そういった霊に憑かれればそういった状態になってしまうでしょう！　人ごとではありません。

また、もともと波動が高くても、食した物に入っていればいやでも身体の中に入ってきてしまうこともあります。このようなときは、浄霊できれば元の自分に戻れるはずです。対処が早ければ早いほど早い段階で取り除けると思いますので、頑張って対処してほしいと思います。

第1章　興味深い不思議な話

神に導かれた鳥の昇天真実

平成19年10月のことでした。家の裏に鳥のむざんな死骸がありました。多分、わが家の猫のムサシの仕業に違いありません。すぐ写真を撮り、その後ハンドパワーを施しました。パワーを施したという印で指を添えて写真を撮っています。

その時の写真には、不思議な天上に向かう、一筋の光の束が鳥の死骸の横から写っていました（太陽の光は違う角度で、外壁の戸の縞《しま》から差し込んだ光が少し赤味がかかった色で何本も写っています）。

この時の死骸の波動は、最初パワーを入れる前と同じ㊀60で、肺・恐怖・痛みが共に㊀※10の悪因子が6※霊体見受けられ、死の刹那の思念がそのまま残っています。

また5分ほどハンドパワー後、その強烈な光の束は、鳥の死骸の頭の方にピタッと接続し、その後、光の束の中に死の刹那の思念がどんどん吸い込まれていくのと同時に、死骸の悪因子の思念が消滅していくことの過程が、偶然写ってしまった3枚の写真から読み取ることができました。

そして光の束の中に入った思念は、悪因子のマイナスが消滅し、高波動の霊体の数字に変化しています。

また、一番最初から、死骸の横に小さく写っていたものがあり、全然気づいていませんでしたが、その日、死骸をかたづけてから、次の日の朝、昨日この辺に鳥の死骸があったことを思い、またハンドパワーを施こした後、指をそえて写真を撮りました。

すると、不思議なことに、死骸があっただろう横の辺に小さく写っていたものから、また昨日と同じ光の束が天上に向けて写っていたのでした。それを見て気づいた私は、何枚もの写真に写っていた小さなものの波動を測定すると、鳥と同じ肺・恐怖・痛みが㊀10と出たので、同一のものの羽と分かりました。

その羽には5霊体憑いていて、それが光の中へすべて入り、その中では恐怖や痛み等がすべて消え、霊体だけの波動になり、同時に羽の方もマイナスの思念が消滅していました。

鳥の死骸から始まり、２日間にわたった一連のストーリーは光の束が写った何枚もの写真によって不思議な真実の姿を見せていただいた、昇天の事実でした。この一連の写真は世界初のものではないでしょうか。人も動物も、この鳥のように、思念が全部消滅して天国にいけたら、霊障もなくなり世界平和も夢ではないでしょう。
※この場合のマイナス10は、死の刹那の苦しさなので、一番悪い方の高い数字です。
※1霊体とは、思念の固まりが分裂した最小の数字です。その数字は、マイナス度が低いほど良いのですが、1霊体がマイナス7以上になると、事件になるくらいの悪い数字です。

猫の霊に憑かれてしまった孫

前作を出版してから半年後、神奈川県の男性から髪の毛の測定依頼がありました。その結果を報告したら、全くそのとおりなので、そちらに伺うので直接測定や浄霊をしてほしい、との依頼でした。

その日の会場は、孫の子守をしなくてはいけなかったので、自宅で行っていました。その方は精神的な悩みを持っている方で、外見からは、若くて風体もよく、大変好感の持てる男性でした。再度測定の結果、うらみ・恐怖・淋しさ・心配・不安というようなネコの霊が憑いていることを告げると、その方は「実は」と言って、子どもの頃の忘れられない思いを打ち明けられました。その内容とは、彼が小学生の頃学校からの帰り道、小料理屋のお店に子猫が何匹かいて、そこで友達と二人で遊んで帰っていたそうです。ある日、そこのママが、そんなにかわいいなら1匹あげるからかわいがってね、と涙を浮かべながらくれたそうです。その時、自分の所も友達の所も猫を飼える環境ではなかったので、空き小屋へ入れておき、しばらくは少しエサを持っていったのですが、その後行かなくなってしまい、その猫は小屋から出られず死んでしまったらしいのです。その話を聞いて、パニックと閉所恐怖症も測定してみると、最悪の⊖10が出ました。そんな心境で死んだという測定結果です。そして、その方が住んでいる部屋の写真も何枚も持ってこられましたが、どの写真も白い丸いオーブがたくさん写っており、それを測定しても、同じネコの霊でした。

　これだけ強い念を持った霊が、本人や部屋にまでいっぱいいては、精神的に苦しいはずです。さっそくいつもの浄霊を始めました。手に塩を持って、追い出すグッズを身に付けて始めたら、本人も霊が出たのがわかるようで、今出た、また出た、と言うので調べると、そのとおりでした。あまりにも数が多いので塩の山になっていました。私は、他の人も測定しながら、孫の面倒も見ながら、楽しくやっていました。

ところが、元気に遊んでいた３歳の孫が、突然私にしがみついてきて、大泣きしながら「淋しいから誰が呼んできて。淋しいから誰か呼んできて、淋しいから誰か呼んできて……」と、離れないのです。孫はしょっちゅう来ていますが、こんなことは初めてのことで、私も周りの皆もびっくりしてしまいました。ましてや３歳の子が、淋しいとか、誰か呼んで、とかいう言葉さえ知らないはずです。そしてあまりにも強烈な泣き方だったので、私も言葉を失ってしまいました。

しかし、事は大変になっています。男性に憑いていた霊があふれて、孫に憑いてしまったに違いないのです。私は、しがみついている孫を他の人に抱っこしてもらい、あふれた塩を片づけると同時に、孫の浄霊をしました。するとどうにか元の孫に戻り、ほっとしました。その後、もう1度同じことが起こりましたが、浄霊し、元に戻りました。その時男性は「僕、申し訳ないので帰ります」と気をつかって言われましたが、「あなたが帰っても、もうすでにあふれてしまった霊が憑いただけなので、もうご心配無用ですよ」とお話すると、最後までいて、納得されて帰りました。

私も初めての経験だったし、ましてや訳のわからない孫に憑いたことで、このままの状態の子になってしまったら娘に何と言われるか、内心不安の出来事でした。

その方には、本人も部屋の中にもまだまだいる様子なので、自分でやる浄霊を教えて、負けずに頑張るようにと言って駅まで送っていきました。その後、彼はどのようになっているのか心配していますが、連絡がつきません。

その頃の私は、まだまだ未熟で、霊がどこにどれだけいるのかまで見通せる力がない頃でした。その後、毎日の研究と実践で日々進歩し、どのような霊がどこの部分にどれだけの数がいるのか、そしてそれらを全部取り出して塩の中へ入っていただきます。その塩を、以前は川へ流していましたが、現在はその場で消滅させ、天国へいっていただきます。

現在はそこまで進歩し、自分でも、よくここまで追究してこれたなあと感動している今日この頃なので、その方も連絡くだされば、進歩した助言がしてあげられるのにと思い出し、心配しています。

お地蔵さんが転がってきた訳

姉は近くにお嫁にいきましたが、私とは、一番上と一番下ということで16くらい年が違います。私が子どもの頃、よく泣きながら実家に帰ってきたものです。嫁入り先の義母の異常ないじめだったらしいのです。

あとで姉に聞いたのですが、例えば、ナベのふたが割れたので、義父が新しく木のふたを作ってくれると、義母が焼きもちを焼いて「何だ、こんなもの」と言って投げ捨てる、というような話や、義理の母の赤い着物がなくなり（実は自分の子どもがタンスを開けて持っていったのだが）、姉が盗んだと決めつけてののしったりされ、いろんなことにいじめを受け、もう死んでしまいたいと思うほど苦しかったので、村に一つあるお地蔵様の帽子やまえかけを作り、毎日お花を持ってお参りにいっていたそうです。

そしたらある日のこと、義母がお地蔵様の前の道を歩いていたら、お地蔵様が義母めがけて転がり落ちてきたらしいのです。義母はそのことを何人かの近所の人に話していたそうです。その後、義母は屋根から落ちて腕を骨折し、病院へ入院しましたが、片方の手は死ぬまで不自由な手のままだったそうです。

私はその話を聞いて、お地蔵様が姉の身を案じて、義母に、気がつけよ、目を覚ませよ、とお教えくださったにもかかわらず、反省もできなかったので、お地蔵様が転がり落ちたと同じように屋根から転がり落ちてしまったのでは、と想像させていただきました。

そして、その後の写真からの波動測定で、骨折は完全に治っていなくて、骨折⊖３、痛み⊖３となり、これは霊障でなく、本人自身の測定数字です。そして痛みは死ぬまで続き、癌で亡くなりました。

そして義母には、サタンキツネ⊖４が憑いていたことが写真から測定できました。サタンが憑いていれば、意地悪・わがまま・暴力は当然のことだと、現在の私たちには理解できて、解決の糸口もありますが、姉もその当時は悔しくて身の置きどころがなかったことでしょう。

現在ではそういったサタン的なものに憑かれている方が、毎日のようにテレビ放映され話題になっています。今も昔も、事件にならなくても、ほんのせとぎわで苦しんでおられる方が大勢いらっしゃることでしょう！　１日も早く原因を解明し、浄霊されて、幸せになっていただきたいと思います。

種植えた人の持病が採れた野菜や果物に

野菜や果物を栽培する人が持病などを持っていて、手などにもその持病の霊が出てきている場合、持った種にその持病の霊が憑き、そのまま育ってしまうことがわかりました。その事実が解明できたのは、平成18年8月のことでした。

姉からたくさんのにがうりをいただいてきたのでパートさんにもあげたいと思いました。その時、一つ腐っているのがあったので、これはどんな菌に侵されているのか写真に撮り、ついでに他のものも一緒に写し、測定したのでした。するとびっくり、腐ってないものもすべてに姉の持病の霊が憑いていたのでした。収穫したものを取り入れた時に手についていたものが憑くのは考えられることで、わが家の冷蔵庫でも、たまに私の乳癌の霊が、つかんで収納したものに憑いていることがあります。

その後、また10月に姉の家へ行く用事があったので、まだ畑にそのまま植えてあったにがうりの棚を写真に写してきて、後日の測定でまたもやびっくりしてしまいました。畑に出来ているのがそのまま、小さいのも大きいのもすべて姉の持病、糖尿で白内障の因子が入っていたのでした。姉は病院で糖尿・白内障の薬をもらっています。今回のことが発覚し、どんどん霊障を取り除いた結果、その後どんどんよくなり、現在ではもう心配いらない数字になっているようです。

　その同じ夏の、この事件の少し前のことです。黄色いメロンうりを食べた私は、お腹が異常に張ってきて、妊婦さんみたいになって、色がついていないまっ白の尿が出てきました。憑いているものを測定してみると、便秘・大腸・ガス・腎臓がマイナスの霊障でした。あまりおいしくなかったので誰も食べず、私一人で水分がわりに食べていました。

　冷蔵庫に残っていた2皿のうりを測定すると、その霊が憑いていました。その時いろいろ実験してみました。うりに憑いているのをそのまま常温で外に出しておくとどうなるか。㊀5、㊀10だった数字が、丸1日ラップをかけてそのまま放置しておくと、次の日㊀15、㊀30と3倍の数字に増殖していました。

　また、切ってないメロンは栄養が入っていく芯の部分に憑いていることがわかりました。今度は、冷凍したらどうなるのか？　と思い実験してみると、この場合、増殖はなく、そのままの数字でした。

　私もたくさん食べてしまい、胃や背中のほうで㊀8000とか、㊀6500とか、非常にたくさんの霊障を受けてしまい体調不良でしたが、自分も浄霊しながら実験を続け、このようなことが解明できたのでした。

そんな体験をしてから1年後、また同じお店に例のメロンが並んでいました。今度はそれを買う気になれず、いつも持ち歩いているデジカメで写真撮影をして帰りました。測定してみると、同じ所から出荷しているのでしょう、昨年と同じ霊がいっぱいでした。

また、その年のお盆にお土産にマスクメロンを買って持っていきました。わが家の分も残っていたので、帰ってきて食べようと思い、その前に1度測定をしたら、何とこのメロンも肺結核の菌が軸のところに㊀１０００もいたのでびっくり。お土産のは封もしてあったのでそのまま持っていって、測定もしてないのでわからないし。同じ所で買っているので、食べてひどいことになっても、と思い、持っていった所へその旨話し、食べないように電話した次第です。

またそのメロンは常温にしておくとどうなるか実験したところ、㊀１０００が2日後には㊀１３９０、３日後には㊀２５２０になってしまい、どんどん増殖していくことがわかりました。恐ろしくなって何重にも袋に入れて捨てました。

にがうり、黄色いメロン、マスクメロンは、種から植えるので、生産者の人が手まであふれ出ているほど（そんな時は身体中何万もいて、また血液の中まで増殖していると思われます）霊障を持っていたり、またマスクメロンのように菌を持っている方が栽培されて運悪く種に憑いたりするとそのまま大きくなり、その霊や菌入りの果物になってしまうようです。

憑いたものによっては、甘さがなかったり、完熟しなかったりして、おいしくないのではないでしょうか？　それよりもあとに来る病気で大変なことになってくるでしょう！

霊（思念）が求めた供物とは！

いろんなことにぶち当たり、その都度どうしたらよいのか考え、実験を重ねてきました。私の家業は自営なので、家の裏は工場で、プラスチック成型をやっています。工場といっても名前だけで小規模なのですが、工場の中全体を浄霊するとなると、手間暇かかるので大変です。

今まで、お塩作戦、線香作戦、何カ所も設置したり、たいたり、とても大変です。また、それを集めて何が入っていたかも調べるので、またまた大変な作業です。しかも今回は、また新たに食べ物作戦を考え、あちこち供えてみることにしました。

今までの経験から、思念は、人間のほかに動物のヘビ、キツネ、ネコなどが多いので、それらを考慮して卵・鳥肉・かつお節・食パン・スイカなど供えて実験したところ、ハッキリしたデータが出てきました。

卵に憑いているのはヘビの思念、鳥肉に憑いているのはキツネ、かつお節にはネコの思念、スイカ・メロンには人間で、結核で亡くなったような人とかでした。特に工場内の供物には、働きに来ている方に憑いている思念が多く憑いていました。そして、自宅の供物には、その時自分たちに憑いている思念が憑いていました。

このような結果から考えると、思念は字のごとく、魂が天国へ旅立っても思いの念だけが残って存在していて、誰かに憑いたり、家や土地、物に憑いたりしている。それらに憑かれてしまう因果関係はたくさん考えられ、その都度、体験などを通して勉強していってほしいと思いますが、今回はこちらから供物の実験を仕掛けた結果、生前の本能のまま供物に憑いていた、という確かな事実が明らかになったのでした。

毒入りギョウザ事件

平成20年は、中国の毒入りギョウザ事件の報道がテレビを賑わせていました。私も、出てくるギョウザや中国の製造現場の写真など、数多く撮り、測定していました。たくさんのギョウザの中から、ある一部分のみ薬害の反応が出ました。マイナス2〜10くらいまで、程度により数字もそれぞれでした。例えば、農薬を散布している人⊖3、散布した作物⊖1〜⊖3とか、数字であっという間に出てきます。

また、近くのスーパーでもどうだろうか？　と思い、デジカメを持っていって、人目のない時パチパチ写してきて測定もしてみました。測定でマイナスが出たのを、またわざわざ買い求め、改めて測定してみましたが、同じ結果が出ました。

日本でも同じようなことがあると思いますが、毒性が少なかったり、個人個人なので本人の体調のせいになってしまったりして、事実を知ることなく経過していっているのだと思います。わが家では原因追究ができるので、そのようなことが日常茶飯事にたくさん起きていることが解明できているのと同時に、たくさんの被害も受けています。

厚生労働省では、中国のギョウザの一部を無作為に砕いて分解し、気が遠くなる分析を寝る暇もなくやっておられましたが、一部分の分析したギョウザの中に、果たして毒入りが入っているのか、何百万分の一の可能性に無駄な時間と労力と税金を費やしているのが、見ていて歯がゆくて仕方ありませんでした。

テレビ放映の中国の生産工場で並んでいる箱では、一番手前の箱の、左から3列目のまん中がマイナス10の毒入りだよ、と1分でわかるから手伝わせて！　と叫んでいました。舛添大臣（当時）に手紙出したほどです。1万個のギョウザがあったとしても、現在の私は10分もあれば、どれとどれに毒が入っているのか選別できる自信はあります。

現在の日本の法律では、波動は認定されていない部分もあり、取り入れることは難しいだろうけれど、緊急を要する場合、国民にとって得策になる時は、裏からでも内緒で結果を出すくらいの得策のできるような政治家がいらっしゃるとうれしいですね。

カメラに入ってきた胃癌のキツネ！

波動教室に、友達に連れられて来られた方が、胃が悪くて食事ができないと言われ、測定すると胃癌のキツネ霊がいっぱい憑いていました。

そこで、その方の基本の浄霊をさせていただいていると、すぐさま、片方の肩と腕が、本人の意思に関係なく勝手に動き出し、止まらないので、本人も周りの人も何事が起きたのかびっくり仰天でした。ものの5分もしないうちに手の動きも止まり、その後、握っていた塩の中を測定すると、胃癌のキツネ霊がどっさり入っていました。その方は、その日、胃がすっかり良くなり、うれしくなって、帰りには会場へ連れてきてくださったお友達にお食事をごちそうされたようでした。

その後日、また波動会場へお見えになり、この間ずいぶん改善されたご報告とお礼を申されました。いつものようにその方の波動測定をしていると、隣の部屋で私のデジカメで他の方の写真を撮っていた方が、大声をあげて「急にカメラが動き出した！」と騒いでいるのです。周りの皆も、そのカメラを手にして、「本当だ、ブルブル動いている。何？怖い！」と、恐怖の部屋に変わっていました。

私はそのカメラを受け取ると、本当に振動していて、写る映像も揺れて振動しているので、シャッターを押してみても、ブレた映像が写ってきました。私は「何かカメラに入ってしまったね」と言って、カメラを塩でこすりました。そして、「何が入っているか測定してみるね」と言って、その内容を調べていくと、はじめに癌がマイナスでした。癌の霊が憑いている人は、私が測定していた人と、隣の部屋でカメラで写してもらっていた人の二人です。すかさず私は、「それじゃ、何の癌かみるね」と言って、出てきたのが胃癌の霊のほうでした。もう一人の方は子宮癌の方だったので、写真を写されている方のがカメラに入ってきたわけでなく、隣の部屋で私の測定を受けていた人の霊が、隣の部屋で写していたカメラの中に、どういうわけか入っていってしまったのでした。

その後、カメラの上の方に憑いていたのは塩で浄霊しましたが、中に入ってしまったのはそのままにしておきました。このようなことはまず起こりえない事実で、スイッチを入れればバイブみたいに振動するカメラなど、この世にありえないだろうから皆に見せてあげようと思って、そのままにしておきました。そして、だいぶ多くの方にその現象のカメラを通して、世の中の不思議現象を見せてあげていました。

また、そのカメラを使って猫のトイレを写した時、すごい写真が撮れました。カメラの中にいる胃癌のキツネ霊が写ったのです。波動で調べると胃癌のキツネ、マイナス１万以上でした。

思念の数が多く集まってくると、このように、型や姿、映像となって写ったり、カメラが振動してしまうようなポルターガイストが起こってしまう、ということが、多くの実例と波動測定によって解明されてきました。カメラの中に憑いている霊が映像で撮れたのは、恐らく世界初の出来事ではないでしょうか！

悪夢の追跡

平成21年１月７日午前１時頃、夢の中で身体の左側に誰か怖い者がどっしり横に入ってくる気配を感じ、助けを呼ぶのですが、何て呼んだらよいのか、恐ろしさでパニックになっていました。

そして「神様、神様」と叫んでいました。その驚きの勢いで目が覚め、周りを見ると、左側の所でまっ赤に光っている小さな目のようなものが見えました。もしかしたらそこに何かいるかも、と思い、いつも周りに置いてあるデジカメで、一番先にそこにめがけてシャッターを押し、四方八方もカメラに収めてから、再度眠りにつきました。

朝、目覚めて、夜明けの写真は何か写っているのかどうか興味津々で測定したところ、やはり赤く光っていたところに悪性腫瘍でサタンのヘビが㊀2770写っていました。

夜、赤く光ったものを見た瞬間、もしかしたらヘビかも！ と感じていて、そのとおりだったので、これらの出来事は、やはりまちがいなく真実だった、とのあと押しになり、自信につながりました。またそのヘビは、詳しく測定すると、感謝・不信疑惑・自己中心・無気力で、睾丸が悪性腫瘍のサタンヘビでした。

そのような霊的なものは、今までわが家に来たことがなかったので、それがどこから来たのか疑問になってきました。そこで、家の周りの写真を撮ってみたところ、ちょうど私が寝ていた左側の家の雨どいや屋根瓦に、同じサタンヘビが何万もいたのでした。最近、猫がベランダに出たがるので、猫の出入りできるスペースを開けておくことが多かったせいで、そこから入ってきたのでしょうか？　調べた後、ヘビがいた場所にハンドパワーをして成仏してもらいました。こうして悪夢の原因が解明できたと同時に、再度、寝ている時に訪問されるかもしれないサタンヘビを浄霊させていただくことができたのでした。

その後、後日談がありまして、ちょうど1カ月近くたった頃、私の横のほうで寝ていた猫のサスケのうなされる声が聞こえ、びっくりして目が覚めました。午前2時の丑三つ時でした。また例のものが来たのかもしれない、と思い、周りの写真撮りをしました。

朝になって、その写真を測定してみると、またサスケの近くに3千近くの、睾丸が悪性腫瘍のサタンヘビが来ていました。サスケにもマイナス50くらいついていました。ついでに隣の屋根も写真を撮ってみると、また7千くらい憑いていたので、ハンドパワーで成仏させていただきました。

耳元に来た黄色ブドウ球菌の追跡

私がいつものように波動機の前で測定していると、左耳の辺でウオーンという、かすかな音が聞こえてきました。そういう時は、今までの経験で、何か来ているということばかりなので、すかさず耳元の浄霊をし、何か取れたかどうか測定してみたところ、ウイルスでも霊的なものでもなく、菌でマイナスになりました。さらに詳しく調べていくと、黄色ブドウ球菌が㊀10という測定結果でした。

空中にいるということは、どこかに大本の出所があるのでは？ と思い、その部屋を四方八方写真撮りをしました。すると、ビデオカメラにその菌が㊀730もついていました。周りにも移っているといけないので、周りを写真撮りをして測定するとビデオカメラの下に友達より来た手紙が入っていて、その手紙の表の切手部分、裏の封印紙の部分にカメラより大量の菌が付いていたのです。ということは、友達がそれらを貼る時に、どういう方法で貼り付けたのか？ という疑問が出てきました。後日友達に聞いたところ、郵便局へ行って、そこに備わっているものを使用したとの話でした。

考えれば、大勢の人が使用して菌も付き、繁殖もしているでしょうが、それを使用した手紙等がおのおのの家へ行き、ましてそれを保管してあったならば、どこに付着するかわからないし、どんなきっかけで身体に付いたり口の中に入ってくるかわかりません。

とことん突き詰めていくと、こういった事実が解明されてきたのでした。

病院廃墟跡の探検

あるテレビ番組で、視聴者からの依頼があり、廃病院で煙が出るので調べてほしい、との話が来て、それに応じてその場所へ探検に行った内容でした。私もそのテレビの一部始終をカメラに写していきました。

その探検の場所にカメラを設置しておいたところ、焼却場だった所のカメラに謎の光が写っていたのです。その正体を専門家に見てもらったところ、カメラの光の加減だろう、という結論だったそうですが、私の測定では、その正体は黄色ブドウ球菌の固まりで、数で表現すると㊀17030の黄色ブドウ球菌の団体がウヨウヨしていました。そしてちょうどその光の元の辺には、深い悲しみで亡くなった胃癌の霊の固まりが㊀10000くらいいるのが測定で判明いたしました。

ちょうどその探検した方の写真が写りましたので、写して測定したところ、右目にはその胃癌の霊が㊀340、鼻には㊀280の黄色ブドウ球菌がついていました。その後、その時の話をしている時の本人は、何日か日数がたっていたのでしょう、右目は㊀1000に、鼻のブドウ球菌は㊀360に増殖していました。

その後も度々テレビに出演してこられるので、そのたび写真を撮り、どうなっているか測定していました。すると、出演のたびに数が増えていき、約４カ月後には右目が㊀９７８０になっていましたので、もうすぐ波動機の数量を超えてしまい、正確な数字が出せなくなりそうに増えてきています。

これがもっと何万にもなってくると、本人にも症状が現れてくるはずです。早めの浄霊は簡単で楽ですが、数が増えてくると血液の中にも入っていってしまうので、どんどん手間暇かかるようになってくるし、運悪く本当の癌になってしまうこともあります。

そうなってくると、現代医学の力をお借りして、癌になってしまったところを切除してもらわなくてはなりませんし、また切除したとしても、目の中に大本の原因があるとはわからないので、そのまま放置され、また癌に向かって少しずつ進行していくので、再発ということになります。それが現在の病気のメカニズムに匹敵すると私は思っております。

トラックのすき間に入り込んだヘビの結末

平成18年10月３日、私が外出から帰ってくると、主人が、今日ヘビがトラックのすき間に入ってしまって、探しても見つからない旨の話をしていました。

「じゃ、写真撮ってどこにいるか見てあげる」と言った私は、すぐさま写真を撮り、波動機で測定したところ、ヘビのいる所がわかったので、息子に「ここで反応するよ」と言うと、「ここはヘビが入っていった所だ」と言うので、ではまだそこにいるんだわ！　ということになりました。ヘビが車にいるということは気持ちも悪いし、何かいやなことが起こってもつまらないし、とにかく車から出ていっていただかないと困ると思いました。夜静かになればどこかへ移動するだろう！　とのことで、次の朝、写真を撮ってみたところ、まだ車にいることがわかりました。波動でみると、本物のヘビにキツネの霊が３霊体憑いていました。

朝も出ていくようにいろいろやってみましたが出てこず、トラックは仕事があるので、20キロ離れた名古屋まで往復３時間ガタガタ動いたのでした。トラックが帰ってきて１時間後、トラックの写真を撮り測定してみると、前にはプラス20あった恐怖・心配・ストレスが、マイナス４と、深く落ち込んでいましたが、夜になった頃には少し落ち着いてきていて、マイナス１に少し上がっていました。その晩は、お腹もすいているだろうからと、誘い出し作戦も含め、卵と肉をヘビのいる近くに置いておきました。

４日の朝、写真を撮り測定すると、場所は移動していましたが、やはりまだ車で反応します。その代わり、少しおもしろいことを発見しました。ヘビに憑いていたキツネ3霊のうち2霊が誘い出し肉に憑いていたのです。やはりキツネはお肉には弱い！　あとの1霊は、まだそのままヘビにいました。そしてお肉の2霊を取り押さえましたが、上手に押さえられず、逃げられてしまいました。その後どこへ行ったのやら、と思っていましたら、近くで遊んでいた、わが家の猫のムサシ君に憑いていることが写真で判明し、今度はちゃんと浄霊できました。

5日目の日も名古屋まで往復3時間、ヘビも一緒に行ったと私は思っていました。ヘビは朝、車にいてそのまま仕事に出かけたので、私は何もなければよいが、とすごく心配していました。その日、私も朝早く出かけたので、夜帰ってきてから、トラックの写真を撮り測定してみると、昨日夜マイナス1まで戻り、朝にはプラス14にまで戻っていた、恐怖・心配・ストレスの数字だったはずなのに、その日の夜の測定では、すべてマイナス9にまでなっていました。

そして6日の朝もマイナス9でした。反応がある以上、そこにいるということなので、心配性の私は1度販売店で見ていただくことにしました。その日、車が帰ってくると、さっそく販売店の人が取りに来て、検査してくださいました。私も付き添って見ていましたが、全然それらしきものが発見されません。私はどうにも納得がいかず、自動車が上にアップしたところで下からパチパチ写真を撮り、調べることにしました。

整備士の人に「1度帰って写真を調べてまた来るので、それまでほかの仕事をしていてください」とのお願いをして家へ帰り、急いで測定するのですが、何回やっても、ヘビと、あと1霊残っているキツネの波動が出てくるのです。

場所もハッキリわかりました。また急いで戻り、「ここの場所で反応するのでここを調べてほしい」旨告げると、「この場所は後ろのマフラーから入っても途中で障害物があるので、ここまでは来れない」と言われました。そして、ここは熱くなってくるので、ここにいることはまず考えられない、との話でした。私としても、反応するし、今まで間違ったことがないので、どうしても納得いかないけれど、現実いないのだからあきらめざるをえなく、お礼を言って帰りました。

それでもどうしても納得いかず、自分の波動にも自信喪失になり、どうして？　という思いで、また測定しますが、そこの場所がマイナスで出る！　そういえば「熱くなる」と言っていた言葉を思い出し、やけどでみたところ、やけどマイナス9だったのでした。

その数字では、もう生きてはいない！　死んでいる、と思った私は、再び整備士のところへ行って、ラジエーターの中に死んでいるかもしれないので、中を分解して見てくださるようお願いしました。そこまでやっていただかないと、心残りで納得がいかなかったのです。しかし、せっかくネジをはずして中を開けてみたけれど、そんなところへ入れるはずもないヘビがいるわけもなく、私の、そこにいるはずだ、という概念を捨てざるをえない結果でした。これ以上どうする術もなく、お礼を言って帰ってきました。

自分の信じていた波動も暗い影が入り込み、心も沈んでいました。私が信頼してやまなかった波動が真実でないのなら、これからの私は、多分波動機は扱えないだろう！　途方に暮れていました。今までやってこれたのは、事実・真実があったからまい進してこれた結果でした。

うちひしがれ、暗い心で、今までの写真を並べ、初日からの数字とかを順を追って整理してみました。

3日の夕方、ヘビが車に　恐怖・心配・ストレス↓⊕20
4日　仕事へ行き、夕方　恐怖・心配・ストレス↓⊖4　夜⊖1
5日　　　　　　朝　〃　〃　〃　↓⊕14
5日　仕事へ行き、夜　〃　〃　〃　↓⊖9　やけど⊖9

6日　朝　〃　〃　〃　↓㊀9　やけど㊀9
6日　仕事へ行き、昼　〃　〃　〃　↓㊀9　やけど㊀9

私はここにきて初めて謎が解けたのでした。
反応があるので、生きているか、死んでいても死骸があるとばかり頭で決めつけていましたが、現在、研究・解明しているはずの自分が、世界中で一番理解していなければいけないはずなのに、一般の人と同じになってしまい、物体があるものとばかり決めつけてしまっていたのです。

5日の夜も6日の朝も昼も同じマイナス9、ということは、ラジエーターにまきついていて、熱くなりやけどを負って亡くなり、車から落ちてしまい、死んだ時の死体の波動がラジエーターに思念として残っていて、その霊体の波動をとらえることができたのでした。

その謎が解けたところで、それじゃ、まだラジエーターにそのまま残っているヘビの霊体を浄霊しなければ、と思い、すぐトラックの下にもぐり込み、ヘビの霊体を吸着板に入れ込みました。それを測定すると、ヘビで恐怖・心配・ストレス・やけど㊀9の霊体が入っており、天国へいっていただきました。その時まだ1霊体残っていたキツネの霊は、どこへ行ったのかと思っていたら、写真の整理をしていた時、整備をしてくださっていた方についているのがわかりました。

今回のことでは、とことん追究に追究を重ね、途中、自信もなくし、心も折れてしまいましたが、あきらめきれず、もう1度順を追って整理したことで解明できた事件の結末でした。
※この事件は、現在私が言わんとしている事実と証しの一部始終を私に見せてくださった、と思い、感謝しています。

ポールの中のスズメ3匹の死骸

電力会社より、わが家の電気の大元のポールの点検がありました。すると、中に3匹のスズメが死んでいるのが発見されました。ポールの上の方に、小さな穴が開いていて、どうもそこの穴から中へ入ったらしいのです。高さが5メートルくらいあるので、下へ落ちたらもう上へはあがれない狭さです。3匹もいたのは、鳴き声につられ、助けにでも入ったのでしょうか?

外に出して写真を撮り、測定してみると、全員、心臓と栄養失調がマイナス5でした。

これが死の原因だと思われます。その他、1匹が気管支、1匹が大腸、1匹が高血圧と、それぞれ特徴のある持病のマイナスの面が出てきました。ポールの中を開けてもらい、写真を撮ると、ちょうどそれぞれの思念が1霊ずつ中に憑いていたので、浄霊しました。また、供養のつもりで、ポールのそばに水と塩を置いて1時間後見てみると、水と塩の中に3霊それぞれが入っていました。

そこで不思議だったのは、水の中には気管支の悪かったスズメの思念が、高血圧と大腸がマイナスのスズメの思念は塩の中に入っていました。このことから、死後何がほしいのか、何となくわかるような気がいたしました。気管支がつらかったスズメは、死後も水が飲みたかったようです。

世界一幸せな国・ブータン王国

正月明けの10日の日に世界一幸せな国、ブータン王国がテレビ放映されていました。ちょうど新国王の誕生祭が催されていて、何万人かの大勢の国民が集まっていて、その群衆等が放映されていました。インタビューされた国民は、どの人もどの人も「何の不平不満もなく、幸せいっぱいで、仏様と国王に感謝あるのみです」という言葉が聞こえてきました。

そんなブータンの国民や、代々国王の写真を測定してみると、あれだけ大勢の、何千人か何万人の群衆の中、誰一人として、感謝・自己中心・道徳心・協調性等マイナスが一つも出ないのです。霊障を持っている人も出てきません。そして、代々王様はすべてプラス1万以上もある、神に近い存在の波動です。あれだけの群衆の中で、たった二つ、それもマイナス50が出ただけでした。

テレビで放映されたテロの集団や、刑務所の中の集団などの写真を判定していると、どうしても感謝や自己中心、協調性等がマイナスで、ほかにうらみや怒り等がマイナス波動の人たちが多く判定されるのですが、それに比べ、ブータン王国では、全国民がプラス波動の国民と測定され、「世界一幸せな国」と言われる所以が納得できるのでした。

世界中が、このブータン王国を見習って、幸せな国になってほしいものです。

神様・仏様は高波動

（サタン霊に憑かれた霊能者）

ハンドパワーができるようになってから、どのような人がパワーを出せるのか？　解明したくなりました。パワーをやり始めた頃、私の家に3人の方が測定に来ました。3人とも、大々的に活動している霊能者のところの信者さんたちでした。その霊能者の方は大勢の方にパワーを入れてあげている、というお話をされました。そんな彼女たちでしたが、全員、身体の不調を訴え、私に測定依頼をしてきましたので、「そんなすごい先生のところにいっていらっしゃるなら、そこで治してもらえばいいでしょ？」と私が言うと、やっていただいているのだけど治らなくて、一人の人は手も上がらず痛みに耐えているようでした。

そんな様子なので、まずその霊能者の方がどのような方なのか測定させていただくことにしました。気を入れている写真がありましたので、それを測定すると、気を入れている手に1万以上のサタン霊が憑いていたので、皆あぜんとして言葉も出ませんでした。その後、彼女たちを測定してみると、多い少ないはありましたが、同じサタン霊が全員に憑いていることがわかりました。その場でそれらを浄霊すると、皆楽になり、どれが真実なのか自分の目と耳で納得し、身体で体得したようでした。

（電波の中から来たサタン霊）

真実がわかった以上、もう恐くていけない！　ということになりましたが、一人の人が行事に参加するお金を払ってあるので、それを返金してもらうのに、どうしてもその霊能者の方と電話連絡を取らないといけないはめになってしまいました。そしてその霊能者の方より電話があったそうなのですが、怖くて聞けないし、どうしたらよいか？　との相談がありました。私も初めてのケースだし、良い案も浮かばないので、とりあえず電話に塩を当てて留守電を聞いてみる実験を試みました。すると実験は大成功で、電波の中から来た霊能者に憑いている霊を5霊体塩の中でキャッチすることができたのでした。その後もう1回留守電が入ってきたので同じようにしたら、また2霊体キャッチできました。この不思議な出来事から解明できたことは相手の言霊からも、もらってしまうという真実がわかり、二人で感動した出来事でした。

また、そのことと反対の件で思い出すことがあります。それは、私が電話で知り合いの方々や、全然知らない方々と、何度か電話で話していたときのこと。頭痛が治ってしまったとか、肩の痛みが消えたとか、身体が軽くなった、とか言われ、「何かそういう力を持っているのですか？」と、初めての電話の人には質問されました。時々そんなことを聞かれましたけど、自分ではそんな力あるとは思っていないし、まだ解明できていないけれど、先ほどの話で、メッセージの中の霊が塩の中に入ってくることを考えると、何か反対のことらしきことが起こるのでしょうか？

（消えなかったハンドパワー）

その後、その方たちがまた新しい人何人かと一緒に測定に来ました。測定し、悪いところがあったので、そこにパワーを入れて浄霊することにしました。私がパワーを入れようとしたら、一人の方が「私もできるから、させていただくので、先生は他の方を測定してください」と言われるので、私も忙しいのでその方にお願いしました。時間もたったので写真を撮って浄霊ができたかどうか見てみましょう、ということになりましたが、どういうわけか消えていないので、再度パワーを入れさせていただきました。

その方はある宗教で頑張っておられるので自信もあったようなのですが、測定では浄霊できていなかったのです。まだ前に入れられたサタン霊が残っていたからでしょうか？

そのことはまた私に疑問と追究の課題を与えてくれた１件になりました。

（高波動・低波動のハンドパワー）

そんなことが何回かあって、パワー入れると、消える人、消えない人、また悪いパワーを入れてしまう人とがいる、ということがわかってきました。

では、それはどういう人なのか？　と、大勢の人を測定していったところ、少しずつ解明できてきました。悪いパワーを入れてくる人は、説明するまでもなく、そういう霊に憑かれている人、とわかりますよね。そして、パワーを入れて浄霊できている人は、測定では1万以上のプラス数字が出てくる人たちです。神様や仏様などはそのような数字が出ます。また、テレビ等で活躍されている方などにもそのような数字の高い方が多いです。

また、消えない人というのは、プラス80くらいの一般的な人たちです。ちなみにわが家の猫はプラス70です。同じ猫でも、アメリカの方で、街を救った元野良猫のデューイは、プラス1万以上ありました。そして、テレビ等で放映されている、事件を起こしたり、だましたり、殺人などしている人たちは、マイナス何万という数字です。

一般的な人がプラス80くらいで、少しでも波動が高くなってくると、プラス100、プラス1000、プラス5000と、どんどん上がってきます。ちなみにプラス5000くらいになってくるとパワーが出てくることがわかったので、それくらいある人には、自分も出るから自信を持ってやってみるように指導しています。

プラス80、100の人たちは？　と、性格を見てみると、自分では気づいている人といない人もいるようですが、感謝が足りなかったり、自己中心だったり、協調性が欠けていたり、嘘つきだったり、欲が深かったりと、マイナスではないけれど、腹いっぱいではないということがわかります。波動の高い水、食物を毎日身体に入れているだけでも随分上がってくるようです。何万人も測定してきた私には何となく解明でき、機械は正直だな！と思うばかりです。

皆さんは、ハンドパワーができたらいいな！と言われますが、それは皆さんの努力次第、心掛け次第ですので、あきらめずに頑張ってほしいと思います。

死亡の原因、測定してみたら！

私は何でも知りたがる性格なので、それが高じて原因不明という言葉がすべて原因解明という言葉に変わりつつあります。

写真で測定できることがわかってからは、すべてにカメラのシャッターを押すことが日課になっています。日常茶飯事の出来事、出血、下痢、おう吐、痛み、鼻水、たん、耳くそ、かゆみ、腫れ……。その他、故障している物、またテレビ報道の事件、病気、死亡、新薬、ウイルス、菌に至るまで、すべてカメラに収め、あとで測定し、それらの原因を解析しています。その写真集は千冊くらいになっています。写真も、多い日は百枚くらい印刷する日もあり、それをすべて測定し、解析しています。

それらの一つに、死体から発する気を測定してみました。身近では自分もよく遭遇するスズメの死体、この話は、前ページの方に記載してあります。他にテレビでは海岸に打ちあげられた大量のクジラの死体、これはインフルエンザウイルスがマイナスと測定されました。また中国・四川省の地震でお亡くなりになり、青いシートをかけられた5名の方々の映像も詳しく測定させていただいたところ、狭心症マイナス10の方が1名、肺マイナス10の方が4名、そのうち2名の方が恐怖・痛みがマイナス10という測定結果でした。そのそばで泣いていらっしゃる方は深い悲しみマイナス4という測定数字が出ました。このような事実結果が如実に測定され、何が原因でお亡くなりになったのか、そばにおられる人の心の中までが読み取れる波動測定、感動あるのみです。

こうした素晴らしい波動測定技術をいろいろな分野に応用していけたなら、計り知れない解明、進歩につながることと切実に思います。

※マイナス10という数字は、今までの数多くの経験から考えると最悪の数字なので、その数字が出たところの器官が致命傷の原因と考えられます。

テレビ出演の霊能者、びっくり仰天の真実

ある番組で、人気タレント二人の浄霊がありました。私もどんな霊が憑いているのだろう？　と興味津々で見ていました。

手が動いたり、横になったりした二人のタレントの一部始終を、あとで調べるためにカメラに収めていきましたが、その写した写真を調べていくにつれ、驚きの測定結果が出て、びっくり仰天の私でした。

どんな霊が憑いていたのか見ていくと、二人に憑いていた霊は、自己中心・虚偽・膀胱がマイナスのキツネで、霊能者の方にも同じ霊が憑いていて、最初左の目に㊀９２００いたはずなのに、あとからの写真では㊀４３９０に減少していました。一人のタレントに㊀２８１０、もう一人のタレントに㊀２０００の同じ霊が憑いていました。二人のタレントの霊を足すと㊀４８１０なので、ちょうど霊能者の方の左目からいなくなっている数とぴったり合いました。また、二人のタレントの最初の写真では霊症状はなく、一人のタレントの左目にオードアン胞子菌が㊀３８０いただけでした。私も、この勉強ができていなかったら、写真を撮っていなかったら、この事実は解明できていなかったでしょう！

昔からキツネはいろんなこと言われていますね。商売繁盛のキツネや、人をだますキツネやイタズラキツネ等、いろいろです。私がいろんな人を測定した中では、キツネが憑いている人は、一般的に口がとても上手で、私も誘惑に負けて何千万も損をしたことも度々あります。また、以前ゴルフで入りそうにないボールが穴に入り、その時の映像を写真に撮り測定すると、ボールに感謝の高いキツネが憑いていていてびっくり。本人にも同じキツネが憑いていました。このキツネさんに良いことをしたことがあったので、ご恩返しに穴に入ってくれたのではないでしょうか？

このように、キツネにもいろいろいるので、感謝度の高いキツネさんが憑いてくれるとありがたいですね。それには、普段から動物にも人にも愛を注いでおくことが、いつの日かありがたい出来事に遭遇できるかもしれませんね。

インフルエンザと風邪

ある朝、主人が「寒い、寒い、背中がゾクゾクする」と言って起きてきて、ストーブの前に座わり込みました。私はすぐ毛を切ったり写真撮ったりして測定すると、インフルエンザウイルスが山ほど来ていることがわかりました。特に頭と額の熱い部分に集中していました。それらをすぐに、いつものやり方で全部除去し、わが家の良薬を飲ませてから熱を測ると39度ありました。

その日、４回くらい身体中からウイルスを取り除いたところ、主人は身体がつらいわけでもなく、熱もそんなにあるの？　と不信がるくらいで、食事も朝抜いただけで昼も夜もいつもどおり食欲もあり、大変楽なインフルエンザで終わりました。その半月後、今度は私が鼻水が出るようになり、測定では風邪と出ました。鼻や目に風邪菌がいて、かんだ鼻水の中にも入っていました。

そして、自分で頭の方からパワーも入れたので、その後の尿の中にはたくさんの風邪菌が出てきていました。そんなことで、私もつらいわけでもなく、ただ鼻水が２日間ほど出たくらいで事なきを得ました。わが家のインフルエンザも風邪も、誰にも感染することなく、簡単にウイルスや菌を除去してしまうことができました。

この方法を知らない時は、最低でも１週間はつらい思いをしたものですが、最近は菌やウイルス等が測定で解明でき、また除去方法もあるので、本当にありがたいです。１日も早く、世界中の人たちも、この事実を知ってほしいと願うばかりです。

花粉症の人たちの不思議

ある朝、息子が隣近所にも聞こえるような大きなクシャミをしていました。

最近、腸閉塞の方はすっかり影を潜めてきましたが、今度は花粉症を退治しなければ、と思いました。花粉は、どこからか風と一緒に来ると言われています。そこで本人より、外を見ることにしました。本人に付いているのをちょろちょろ取っても、外に何千、何万といれば、少しくらい取っても追いつかないので、家の周りのを一網打尽にしようと思ったのでした。家や工場の周りを写真に撮りましたが、花粉がどっさり見つかったのは、工場のドアの取っ手に何千か付いていただけでした。ほかには、隣の屋根の一番上にオードアン胞子菌が1万以上付いていたので、これはまた花粉症と同じようなものなので、散らばる前に、気のパワーを5分くらいかけてから写真を撮ると消えていました。

さて問題は、花粉がドアの取っ手ということで、もしかしたら息子の手かも、と思い、手の写真を撮り、ついでに身体や足の裏も撮りました。そしてわかったことは、息子の右手、左足の裏の親指の下の辺に万という数の花粉菌がいたのでした。そこで、息子の部屋の取っ手、トイレの取っ手も測定すると、同じようにどっさり付いていたのでした。

その後、手は吸着板で掃除して、塩でも追い出すこと1日3回と3日間で、ようやく身体から出てこなくなりましたが、今度は反対の方から、隣の屋根にいたのと同じオードアン胞子菌が、どんどん出てくるようになりました。息子は、それらがどんどん外に出てくるたびに症状が緩和されてきました。

アレルギーの人は、身体の中にアレルゲンが飽和されてしまった人が症状に出てくるとよく聞いたことがありますが、まさしく、取っても、取っても出てきましたので、その意味がなんとなく理解できた出来事でした。

また不思議なことに、その後5名の花粉症のひどい方を写真撮りをしたら、5名とも、息子と同じ右手、左足裏と、対角に万単位の花粉菌が同じように出てきていたのにはびっくりでした。また花粉症の人がいたら写真撮りしてみようと思います。

その後日、花粉症歴30年の人がわが家へ来ることがありました。まず霊障があったのでそれらを取り除き、その後、気のパワーを15分施しました。間もなくすると、先ほどまで花粉症の症状がなかったのに、急に鼻をすすっているので、聞くと、「鼻がつまってきた」と言われるので、もしかしたら足に出てきたかも？　と思い、写真を撮ると、思ったとおり右足裏に1万以上のオードアン胞子菌が出てきていました。

この方は、自分で浄霊できる方なので、花粉菌は先日も何万も取り除いているからか、今度は息子と同じ胞子菌が、気のパワーの力で体内から足の方に出てきたみたいです。それを取り除くとすぐさま鼻が通るようになった、と感激！　また1時間もすると鼻をすすっていたので聞くと、はじめよりは楽だけど、またつまってきた、と言われるので、また測定してみると、今度は反対の足裏に㊀５００くらいの胞子菌が出ていて、取り除いたらまたすぐ鼻がスースー通るようになり、その後また同じようになり、㊀70とだんだん数が減ってきて症状も軽くなっていったようです。この方は花粉症で苦しんでいた時、血流がよくなるネックレスに出合い、３年くらいは楽になっていたようですが、今年くらいから少し花粉症が出始めたみたいです。花粉症では、鼻がつまり、目がかゆい、で、夜も眠れない日が続き、薬を飲んでものどが渇き眠くなる。ききめも悪くなり薬の量もどんどん増えてきて、身の置きどころがないほど苦しんできたそうです。

その点、花粉菌や胞子菌を除去した後は、1、2分で鼻もスースー通り、何の害もなく健康な身体になれるので、不思議でたまらない！　と言われます。身体のしくみにさからわず、自然療法がいかに素晴らしいことかを教えてくれた1件でした。

1歳1カ月、死の原因追跡

1歳1カ月で亡くなった長男のことは、前作に記しました。その時は、足もとから入ってくる黒いケモノの話でした。そのケモノが、もっと以前にいた場所を発見することができた事実をお話しさせていただきます。

1歳の誕生日頃の写真測定をしていると、マイナスのひどいところが出てきました。詳しく測定していくと、亡くなった長男と同じ病気、あの足元からきたケモノと同じ病気、そしてマイナス９９８０と同じ数字の霊障が、長男が遊んでいるまっ赤な〝子ども自動車〟の上に、その霊が固まっていたのでした。

その後の写真で、長男の右の足もとから入ろうとしている写真、その後の寝姿の写真には、右足のふとももまで入ってきた写真、その後は右肺まで入ってきている写真と、４枚とも同じ霊で、同じ数のものが、そのまま長男の写真の波動測定で発見できました。もとは赤い自動車についていた霊の固まりが、長男の右足からどんどん入ってきた様子が、残された写真より40年近く前の出来事が解明できたのでした。

その頃、私は団地に住んでいたので、赤い子ども自動車はその後も団地の自転車置き場にありました。２年後、次男を授かった私は、子どもを遊ばせ、奥さんたちと井戸端会議をしていた時、次男が赤い子ども自動車に乗って遊ぼうとする光景を見た私はものすごい剣幕で、それで遊んでは駄目、と怒鳴っていたのです。なぜあのように大声を張り上げ叱ったことを時々思い出しては、自分の恥ずかしい行動に後悔の念を抱いていた年月でした。

40年近くたった現在、次男にさわらないように怒鳴った赤い子ども自動車は、長男の死の出発点だったことが解明できたのでしたが、その不思議な真実の未来が、私の身体のどこかに刻まれていたのでしょうか？

長男を死に至らしめた霊が35年後、猫のムサシに！

平成17年6月27日、岐阜での波動教室の予定が入っていた日、猫のムサシがぐったりつらそうに横たわって鼻呼吸をしていました。しかし時間もなく、塩で1回のみ取り、測定するための毛だけ取って、後ろ髪をひかれながら会場へ行きました。時間があいた時、ムサシの毛を測定すると肺で麻疹《ましん》と出ました。もしかしたら、死んだ長男・直由に憑いていた霊かも？　と思いました。

家へ電話してムサシの様子を聞くと、やはりぐったり寝ている様子で、早く帰ってみてやらねば、と気がせきました。運悪く、ちょうどその夜はバレーボールの仲間とホタルを見に行く日で、私の車に何人も便乗することになっていました。それもどうしても参加しなくてはいけないいし、そうかといって死にそうなムサシをおいてホタル観賞も心配で行けそうにない！　困った私は、主人に代行運転を無理やりお願いして、ムサシの看病にあたりました。

次の日に仏壇の写真を写してみると、直由の位牌に、（直由を）死に至らしめた麻疹で肺炎の霊が㊀５００憑いていました。ほかにムサシに同じ霊が何万も来て、３日間苦しんだムサシでした。

ムサシは、浄霊のおかげでなんとか元気になってくれましたが、今さら35年前のことを言っても仕方ありませんが、あの時直由は３日間も鼻呼吸をしていて、４日目には麻酔もかけない手術をし、両手両足しばられて、息もできない、身動きもできない、あんな小さい身体で、張り裂けそうな痛みの中で、最後、私の目をじっと見つめガクッと息をひきとりました。

そんな直由に付き添っていた私は、ずっと涙が止まらない看病の日々でした。誰かこの子を助けて！　何か楽になる方法がないのか、誰か教えて!!　と叫んでいました。そんなあの日のことが思い出されます。

誰も知り得ない霊障、あなたを死に至らしめた霊障、直由のおかげで、お母さんはここまで解明できました。結果も出せるようになりました。すべて直由のおかげです。また、あなたのように苦しい目に遭う人がなくなるように、全世界にメッセージです。

あなたの命をかけてのメッセージ、お母さんはずっとずっと探し求め続けて、ようやく答えを見つけることができました。あなたが最後に私を見つめた目、その目を忘れることができず、探し求め、たどり着きました。あなたのおかげです。このことでまた、気がつかれた大勢の方々を救うことができるでしょう。

むずむず脚症候群

最近、マスコミや本で報道されるようになった「むずむず脚症候群」の潜在患者は200～300万人とも推定されています。読んで字のごとく、脚がむずむずして眠れない、という神経疾患の一つと言われ、不眠症の一種として扱われ、睡眠薬を服用したりして逆に悪化するケースが多かったようでした。発祥地はアメリカで、いろいろな病気の人が発症していて、原因が解明されていません。患者さんの中には「脚の中を引き裂いて、中にいる虫を追い出したい」とまで苦しんでおられる人もおられるとか！

私の主人も以前から1分間に4、５回、フトンがもっこり上に持ち上がるくらい足が動きます。眠っていて無意識に勝手に足が動いているみたいなのです。寝ている間中そんなふうに動いているので足が疲れるみたいでした。最初何年か原因がわからず、けいれんの霊が憑いているのかとも思っていましたが、最近はようやくその謎が解明できてきました。

人や動物の身体に憑いているたくさんに分裂してしまった霊は、手から足から頭から出てくることがあります。多くは部分部分にとどまって、どんどん倍増してきますが、多少はあちこちから出てくることも多々あります。主人も足をペコペコ動かしている時写真を撮ると、動かしている足に必ず多かれ少なかれ霊が何カ所かに憑いているので、それを浄霊すると動きが止まります。しかしまた時間がたつと、また動いてきます。そんなふうに、ひっきりなしに動いてくるのは、身体の中何万もの憑きものがいて、それが足から外に出ようとする時、出やすくするため運動を起こすみたいです。

そんな中で、その話をすると、ある人が「僕もそうだ。片方の足の裏がかゆくて、硬い物で皮がむけるほどかいてしまう」と言われたので、その足裏を写真に撮って測定してみると、その人の持病の胃病の霊が1万以上そこに出てきていました。くつ下にも憑いていました。また、姉も夜中に片方の足のくるぶし辺が痛くて眠れず、そこを測定したところ、そこにも1万くらいの動脈硬化の霊がどっさり憑いていました。私は、以前寝ていた時、片方の足がグググーとしめあげられ、痛くて動けなかった時、症状が収まってから写真を撮ってみると、やはりかなりの霊が憑いていました。

最近では、そうなってくる理由がわかってきたので、寝る時はいつも浄霊グッズをそばに置いておき、急な出来事に対処して、事なきを得ています。結論から言うと、そのように症状が出ている方は、自分の持病の霊が数多く憑いており、多分血液の中にも入っているような気がします。いろんな方法で浄霊していくことが解決の道だと思います。

主人も何十万と増えた霊を、どれだけ浄霊したことか。あまりにすごい数だったので、私も何度悲鳴をあげたことか！　特に初めの頃は、理由もわからず、また現在のように取り出した霊を消すこともできず、身体の中の霊や菌、ウイルス等に対処してくれるものもない！　ハンドパワーの価値もわからない！　そんな、ないないづくしの中での浄霊だったので、その膨大な数の霊の浄霊が大変でした。しかしまた、主人の身体で貴重な体験の数々を勉強させていただいたので、難題もここまで解決できるようになったのかもしれません。

とにかく、原因がわかり、解決方法も見つけてあります。ただ後は、皆さんが信じて実行してくれるかどうかの問題のみです。私も忙しいので、本当に信じて頑張ってくださる方の応援はどんどんやらせていただきたいと思いますが、信念もない不信疑惑の方には、いくら応援しても途中下車されてしまい、せっかく費やした時間が無駄になってしまった経験もたくさんさせていただきましたので、そういった方はご遠慮させていただきます。

亡きがらへのハンドパワー

知り合いの通夜に出席し、亡くなった方にハンドパワーを施した時、いつものように最初写真を撮り8分程ハンドパワー後、再度写真を撮らせていただきました。またお亡くなりになった場所も写真に撮らせていただくことができました。

その後、家へ帰り、波動測定をしてみると、亡くなった方の頭には、死因となった高血圧でうつの霊が2万位頭に憑いていました。それと同時に額には、本人と思われる霊㊀10が一霊体憑いていました。ハンドパワーの後、それらはすべて㊉になり、浄仏していました。もし、この霊が浄仏できていなかったなら、また身近な人や葬儀参列者の方々等にも、少しづつ憑かれたかもしれません。また、お亡くなりになった場所には、本人と思われる悲しみ、寂しさ、肺がマイナスの霊が㊀100残っていました。

そのような霊を救ってあげられるのは、このようなことを理解できている皆様の御心次第だと思います。少しでも多くの霊を浄仏させてあげていただきたいと思います。

霊能者・マジシャン等、不思議に写る手

私は興味ある番組を事細かに写真撮りをしています。その時は全部すぐ測定できかねるので、すべて写真撮りをしたものを、あとで順番に測定していくのです。すると、有名霊能者、有名マジシャンなど、多くの方の手が、変形して写っているのがたくさんありました。どう考えても、誰が見ても、異常に写っています。そこで、その部分を測定してみると、解明できてきました。その部分には、万単位のキツネの霊や妄念の霊が存在していました。そのキツネや妄念の霊の心の波動を測定すると、虚偽のみがマイナスで、感謝・道徳・自己中心等はプラスでした（この人たちに共通しているのは、マジシャンの方々です）。

その後もそういった番組があるたび写真を撮ると、また同じように手の変形が見られ、同じような性格の霊の実在がありました。また今度は、今までと違ったマジックをやる方が出てこられましたので、またこれも何枚も手の変形が見られましたが、今回は、やるこ

とが違うように、キツネでなくヘビの方でした。内容も、ヘビだからできそうなマジックでした。見ている人は誰もが感動し、絶賛していました。

この方々に憑いているキツネ、ヘビの１個体は、いずれもマイナス９の強い数字ですので力もあり、悪用すると世間を騒がす事件にもなりかねないと思いますが、これらの方々は、皆に感動と不思議を与えられている方が大勢で、霊のほうも感謝とか道徳観とかがプラスの方々なので、手先のトリックを憑いている霊に応援してもらって、お茶の間に感動と不思議をお届けしている方々で、本人のお仕事も成り立ち、皆様にも喜んでいただき、一石二鳥の、ありがたい御霊様たちでした。

霊能者の方もキツネ、ヘビなど憑いておられる方は、手など変形して写っています。変形していなくても、波動ではどこにどれだけどのようなものが憑いているのかわかりますが…。昔から、動物霊がついていると見えたり感じたりする、と聞いていますが、本人は自分にそのような力があると思われている方もおられるような気がしますが、見えないところで憑いている霊が、その力を発揮してくれているような気がします。

第2章　自分の身に降りかかった出来事

血液の写真の中の真実！

身体に、霊だの、菌だの、ウイルスだのがたくさん付いていることがわかり、どんどん除去していくのですが、取っても取っても出てくるので、どうなってるの？　本当に取れてるの？　と疑問が出てきた頃、ふと頭の中をよぎる思いがありました。それは、もしかしたら、血液の中にも入っているのではないか？　ということでした。

そう思いついたらすぐ調べたくなるのが私の性格。10年前に、家族3人で血液検査に行き、その血液を写真映像にしてあったことを思い出し、探し出して測定してみました。すると勘が当たり、主人の血液写真には主人の持病の霊が、息子には息子の持病の霊とウイルスが、そして私にも20年前に手術した乳癌の霊、父親からもらった水腫脚の霊、もやから来た霊と動脈硬化の4種類の霊が、耳から針で刺して出た、ほんの1滴の血液の中にいっぱい入っていたのでした。

私が浄霊していると頻繁に出てくるのが、先ほど掲げた4種類の霊と、その後飲んだお茶に入っていた霊の5種類です。私の測定結果では、乳癌と水腫脚の霊は、私の小学校の写真からでも憑いていたことが判明していて、一番古い霊なので、一番多く増えていると思われ、やはり症状も出てくるのもだんとつ1位です。

次はお茶の霊です。これは、私が便秘になってしまい、便秘にきくお茶を10年くらい飲んでいました。そのお茶の中に時々便秘の霊が入っていたことが、後々のお茶の測定でわかり、便秘のために飲んだお茶がますます便秘を増長していたのでした。

あとの一つは、娘の成人式の日に家の前で撮った写真の中に、私と娘が写っている写真1枚だけ、白いもやがいっぱいかかっているのでした。何が原因かずっとわからずにいましたが、現在の私ならそれも解読できるのでした。その写真の白いもやに検知棒を当てると、三叉神経・動脈硬化・便秘・薬害がマイナスの女性の霊の集合でした。この集合霊も、以後、私に憑いてしまったみたいでした。

このように、親からもらってしまったり、飲んだものに入っていたり、外出先でもらったり、原因はさまざまです。そしてそれらが身体に憑いたからとて、すぐどうかなるものでもありません。ただ、長い年月だと、どんどん増えてくることと、癌や脳梗塞とか悪因縁のものに憑かれると、数が増えてきた時に同じような症状になってきてしまい、命にもかかわってくるので、この事実を理解し、少しでも早く、どんどん浄霊していくことが改善の早道だと思います。

※（時がたつほど増殖する）

原因がわかり、どんどん浄霊していくなかで、浄霊した霊やウイルス、菌等、家族や会員の皆さんなどすべての人や物に至るまで、どのようなものがどれだけの数どこについていたのか、逐一、測定してきました。そのおかげで、浄霊方法もどんどん進化して早くなり、写真などで発見できたものはすべて取り除くことができるようになり、それをすることによって、つらく出ていた症状もなくなってしまいます。

しかしまた時間がたつと奥にいたのが上に出てくるので、またつらくなってきます。出てきたらまた浄霊する、というのを何回か繰り返していくと、出てくる回数や日数がどんどん少なくなり、最後は忘れた頃に出てくるという具合になってきたら、頑張ってきたかいがあった、というものです。何十年と、身体の中で増やしてしまったものを、1回で取り除くというのはできません。今日来た風邪菌やインフルエンザなら、頑張ればその日に退治できることも多いのです。

私が一番印象に残っている経験では、その日に急にパーキンソン病になられた方が、夜家へ来られ、帰りには元気になって帰られた方がおられます。その方も、その日にパーキンソン病の霊に憑かれてしまって、運良く私の所へ来てくださったので、原因もわかり、ついていたのを全部取ってしまったところ、元に戻って、皆びっくりした出来事でした。

この例のように、早ければ早いほど、難病と言われているパーキンソン病でも、その日のうちに改善というのもうなずけることなのです。

※

しかしながら、世界中の誰もがこの事実を理解していないので、血液の中に霊・菌・ウイルスが侵入していたならば、増殖していくばかりです。なにしろ人間の血管の長さは地球2周分とか聞いています。その血管の中のお掃除が簡単にできるわけがありません。頑張って取っていくのみです。私もそのおかげで、今では乳癌のお乳のしこりもなくなり、

15年来の便秘も改善し、リウマチ霊のお尻の冷えや、クモ膜や脳梗塞のアクビだらだら眠り病、ひざの霊や、父親からきた足の浮腫やだるさ、水虫や皮膚病などもなくなり、身体的にはますます元気になってきています。

胃癌の霊に憑かれ3日で3キロやせた!

私は20年くらい前から、そけい部に、やわらかい2、3センチのシコリがあり、気になり、病院へも行ってみたところ「大きくなったら来なさい」と言われて、また10年以上たってしまいました。痛くもかゆくもないシコリだけど、気功をされる方や霊能者の方、整体師などにお話しして見ていただいたけれど、的確な回答も得られず自分としても、とても気になっていました。

こういうところは霊の住みかにもなっていて、よく霊がいました。そんなことでこのシコリが気になっていて、真剣に測定してみたところ、ヘルニアマイナス3、腫瘍マイナス3と出たのです。

悪性ではないし、腫瘍やヘルニアなら今のうちに治しておいた方がよいかな、と思い、病院へ行き、CTを撮ったら、脂肪だから1日入院で大丈夫ですよ、と言われたので、手術することに同意して、その日を迎えました。平成18年9月6日が入院日でした。

腰の麻酔を打たれ、意識がないうちに手術が行われ、目が覚めると先生は「手術してよかったよ。脂肪じゃなくて、そけいヘルニアだったよ。腸を包んでいるヒダに穴が開いていて、その穴から中のものが出てきていたみたいです」とお話しされました。

手術後、目が覚めてみると、下半身が宙に浮いているみたいで、腰から下がない感じです。半身不随の方はこのような感じなのかなあ、と思いました。その時手を下にやったら濡れていたので、あれ、手術の時に濡れちゃったのかなあ、でも変だ、と思い、看護師さんを呼ぶと、尿が出ていたとのことでした。自分の意識のないまま垂れ流し状態だったようです。

次のトイレは、起きてみたがフラフラ状態だったので、シビンを持ってきていただき、その場でしました。3回目のトイレは自分で行けそうだったので、歩いて行ってみました。帰りのこと、脂汗が出るほど気持ち悪くなり、吐き気に襲われ、頑張って部屋まで帰り、袋を用意してすぐ塩を持ち浄霊したら治まってきました。次の日（7日）は、朝起きたら前頭部が痛くて、浄霊したりして、治ったりまた悪くなったりの1日でした。

8日朝、骨盤の後ろ、子宮や卵巣があるところが痛くて起きられないので、すぐ浄霊したら楽になりました。しかしまた昨日の頭痛がしてくる。起きると痛いので寝ていないといけない。どんな霊なのか？　自分はどうなってしまったのか？　早く家へ帰って原因を調べたい！

ヘルニアだったため入院日数が延び、9日の退院の日までずっと調子が悪かったのです。元気ハツラツで入院し、痛くもない脂肪を取る1日入院だったはずなのに、手術後より、食欲がなく、2日目には半分も食べられなくなり、退院の日の朝は、朝から吐き気が起きてきて、吐いてしまいました。朝食も食べる気にならず、お茶だけ飲みました。頭は痛い、気持ちは悪い、どうなっちゃったの、この身体！　一刻も早く家へ帰って調べないと、原因もわからないし、この苦しみから脱却できない！

朝の回診で先生に頭が痛い旨を告げると「腰椎麻酔をすると1週間くらい頭が痛くなる人が多いので、だんだん回復してきますよ」と言われました。また、朝の体温計が2度もエラーになり、体温計を替えて出た数字が34度4分という、あまりにも低い数字でした。

そんな体調の中、病室をあとにする頃から気持ち悪く、ビニール袋を用意して、迎えに来てくれた車の中へ入るや、ゲーゲー戻してしまいました。吐いた中には、多分多くの霊が入っているだろうから、良いこととわかっているので一生懸命吐いて、それを写真に撮ってきました。家へ帰っても、まっ先に洗面所へ行き、３回も吐いてしまい、またそれもカメラに収めました。

吐き気が少し治まったところで、苦しいけれど、自分の置かれている状態を波動機で調べました。霊障かどうか？　どういう霊なのか？　それだけやっと調べたところ、胃癌マイナス７の最悪の人と、前頭葉・三叉神経・耳がマイナス４の人、それだけ調べるのがやっとで、また寝てしまいました。

寝ながら、塩を持ったり、神様の力をお借りしたりしながら、少しずつ霊障を取っていきました。少し楽になったところで、病院で１回もお通じをしていなかったので、多分、腸の中へも入り込んでいるに違いないと思い、浣腸をしました。また、コーヒー浣腸も３回くらいやりました。その後、だいぶ楽になってきたので、身体の測定をしたら、まだ前と後ろに10霊くらいいたので、それを浄霊したら、その後峠を越して、果物が少し食べられるようになってきました。

居間のソファで寝ていると、なぜか点滴の臭いがプンプンしてきました。病院にいる時も、部屋の中で誰も点滴していないのに時々点滴の臭いがプンプンしてきて、気持ち悪かったのでした。またその臭いがしてきたので、主人に写真撮りをお願いして、その後調べてみたら、私が枕にしていたクッションに胃癌の人が来ていました。この人が顔のそばに来ると、その臭いがしたんだな、と考えられるのでした。

この方は多分胃癌で、点滴づくめで死んでいった方なのでしょう。その霊が来ても、胃は痛くならなかったので、多分痛み止めの点滴でもしていた方に違いありません。薬害でかなり強いマイナス6と出ました。私にも痛みはありませんでしたが、生きた心地がしませんでした。苦しくて起きることができず、気持ち悪くて、頭が痛いのですから、私がこの業を知らなかったら、今頃苦しみながら死んだに違いありません。

私は、2週間くらい、生まれて初めての胃癌のつらさや、耳や頭痛のつらさの実体験をさせていただきましたが、その後、元気に過ごさせていただき、感謝しかありません。また60年近く胃が丈夫な私は、いくらでも食べられるので、やせるのに苦労していましたが、おかげで3キロもやせることができてよかったです。

また、あとでわかったことですが、入院の時、手違いで病室が用意できず、個室の陰気くさい部屋で2時間待たされ、そこで手術の準備をしたのでした。気持ち悪くて、その部屋をあちこち写真に収めておきました。体調がよくなってから、その部屋の写真を調べたら、そこに、私に憑いてきた胃癌の霊がそこかしこに写っていました。もう1件の頭痛の霊は、病室で３日間も使用していた枕にいっぱい憑いていた霊だったことが、病室で写した写真から判明いたしました。

このように、病院には病気で亡くなった方、事故の場所では事故で亡くなった方、戦場では戦場で亡くなった方の執着の波動が残っています。そんな霊波動に憑かれ、化学万能の世の中、「そんなものないわ！」と信じない人も多いですが、そのような人たちも、いつ自分や家族が遭遇するかは時間の問題でしょう。多分もう多かれ少なかれ出合っていると思います。元気なうちに、霊の面のお掃除を心掛けておかれることが、今後の人生にとって多大なプラスになることでしょう。

私の３日入院の、貴重な体験でした。

突然のメニエール病

平成19年10月10日（水）朝、起きるためにフトンから出ようとしたところ、吐き気をもよおしてきました。トイレへ行って吐こうと向かうのですが、足が宙に浮いたようでうまく歩けません。フワフワワフワとようやく洗面所へたどりつき、しがみついて、ウェー、ウェー、ウェーと吐き出しました。ひっきりなしに襲ってくる吐き気、胃癌の霊に憑かれた時以来の、気持ちの悪さ、この世に、こんなにつらいことがあるのか、と思うくらい、恐ろしく不安になりました。多分、霊障には違いないと思いますが、私ができるのは、ただ洗面台にしがみついて吐き気と戦うことだけ。息子が起きてきて「お母さんには珍しくつらいのか?」と聞いてきたのですが、私は返事もできず、ゲーゲーやっていたら、息子が、塩だ、吸着板だ、石だと、霊障をとるグッズを持ってきてくれました。すぐ、それらを一とおりやると少し落ち着いたのでした。

私は、そんな時でも一番にカメラを持ってきてもらい、一部始終をカメラに収めることを忘れませんでした。後で、原因と成り行きを調べることができるからです。

少し落ち着いてきたので、元のフトンまで戻り、寝ることにしました。まだ足もフワフワと宙を歩いているかのように、まともに歩けない状態でした。私はフトンの中でも霊障をとりながら、自分の症状のことを考えると、多分第四頸椎、三叉神経の霊に違いないと予想できるのでした。

また、ここ2、3日、その第四頸椎の三叉神経マイナス5、中耳マイナス2の霊がずっときていたからです。7日にマイナス35、8日にマイナス160、9日にマイナス95ときていたのでした。その時は、ただ耳がボーンとなってきて、とると良くなるをくり返していました。

しかし久しぶりに、来たことがない霊が来ていたので、私としてもそれがどこからきたのか、原因追及をしてありました。サプリメントで飲んでいたものの中に、第四頸椎、三叉神経、中耳の悪い霊が入っていたことが判明していました。

いつも、お茶やサプリで失敗ばかりしていたのに、また同じことをやっていたのでした。サプリの最初の箱が良かったから二つ目の箱を調べてなかったのです。その都度、調べなくてはいけないことを教えられた出来事でした。

霊障もとれてきたのか、身体も楽になってきたので、フトンから起き上がると、いつもの自分に戻っていました。ソロソロと階段を降りて、下にいくと、皆心配して「今日は１日寝ていれば」と言ってくれましたが、私はすぐ原因解明に波動機に向かいました。尿、吐いた物、塩や吸着板の中、カメラの中等調べ、すべてが解明できました。

原因は、やはり思ったとおり、サプリメントからきた第四頸椎、三叉神経、中耳の悪い霊がいっぺんにマイナス９５０もきていたことが判明したのでした。

塩の中、吸着板の中、吐いた汚物の中にたくさん入っていました。そして大分楽になってからとった写真でも、まだマイナス70くらい、耳や首、頭や服等に憑いていました。

三叉神経は平衡感覚を司るところです。そこがマイナスになって、それもマイナス950と1度にたくさんきてしまったので最悪の状態になってしまったのだと思います。

そして、これだけのひどい症状だと、世間一般に言っているメニエール病じゃないかな、と思い、メニエールのコード番号で調べると、やはり思ったとおりマイナス4でした。メニエールの症状が出ると、生きている心地がしない体験をさせていただいた2、3時間でした。

しかし、それも、全部浄霊してしまえば、普段の自分に戻ってしまい、元気ハツラツです。私は、その日午後は以前から約束がしてあったので、予定どおり出掛けることにしました。

家族は車で出かける私に「途中でどうかなったらどうするんや」と心配してくれましたが、波動測定でも一霊もいないし、すっかりいつもと変わらない自分だったので、「もう大丈夫だから」と言って出発しました。

ヘビの霊100霊で耳が聞こえない！

友達の家へ用事で出掛けたときのこと、友達はここのところずっと目の調子が悪くて、ちっともすっきりしない、と言うので、測定してあげることにしました。友達は霊の存在も承知で、私が伝えたとおり、塩や吸着板で取っていて、一時のひどい時よりは良くなってきているものの、すっきり回復していない、とのお話でした。測定すると、髪の毛の反応ではマイナス30だけなのですが、写真を撮ると頭や胸や背中のほうと、マイナス80くらい、まだ憑いていました。それらを順番に取っていくと、すぐさますっきりして、見えるようになってきたと大喜びでした。

彼女は目なので、目の周りばかりを重点にしていたため、ほかに散らばっていたのを見逃していたのでした。このように、そこの部分だけでなく、浄霊基本と身体全体の外側の浄霊と、身体の中の方はデトックス液を飲んで、きれいにしていくことが大切です。

そんな彼女がお礼に温熱療法をやってあげる、と言ってくれて、やっていただくことになりました。前にも1度やっていただいたことがあり、気持ちよかったので、私もそのアイロンを彼女から分けていただきました。悪いところは熱くなり、「アッチィー」と言って身体をくねらせながらやっていただきます。固い部分を熱でほぐしてやわらかくして毒素を溶かしていく、最も理にかなった療法だと、彼女は一生懸命取り組んでいます。

私も、そんな彼女の温熱が気持ちよく、ありがたくて、やっていただきます。今回も、

「アッチィー」と言いながらやっていただいていると、最後の方になって熱かった所がかゆくなってきたのを感じ、ふと感じるところがあり、彼女に急いでそこの場所を吸着板でこすってもらいました。帰ってその吸着板を調べれば何か謎が解けるかもしれない、わくわくしながら彼女の家をあとにしました。帰ってすぐさま吸着板を調べると、思ったとおり、いつも出てきていたお茶の霊が10霊体も憑いていました。ほか、背中や下着、服などにも、そのお茶の霊が山ほど憑いていました。

ということは、固いところやシコリのところ、痛いところなどには、自分の持病の霊がいっぱい住みついているということが、自分の体験を通してわかってきました。うすうすわかっていたことでしたが、これほどいっぱいいるということ、また熱を掛けることによって中にいた霊も熱くて飛び出してくるのだなあ、という事実が判明したのでした。今回の温熱は、事実解明がまた一つ増えたことで、大変ありがたい出来事でした。

その事実から、欲の深い私は、後頭部の固いシコリも何十年前からあるので、それも温熱をやって一挙にきれいにしようと、「アチチ」と言いながらやり始めました。根気よくやっていると、ここにもお茶の霊がどんどん取れ出してきました。もっともっときれいに、と思ってやっていると、どことなく右耳がおかしくなり、ボワーンとして聞こえなくなってしまいました。大変気分が悪く、大変なことになってしまった、とあわてふためき、どうなってしまったのか、写真を撮って調べることにしました。すると、先ほどから出てきていたお茶の霊が、右耳に１００霊体も出てきています。首と耳は近いので、耳の方へ逃げてきたようです。

そして、この異様な気分は、今まで味わったことのない、我慢できないつらさです。夜中１時前になっていましたが、治してからでないと心配で眠れそうにないし、頑張ってやるしかない、と思いました。

耳の中はやりにくい所なので、ハンドパワーでやることにしました。パワー10分ほどやったところで写真を撮ってみると、１００霊体から14霊体にまで減っていました。あと少しだったので吸着板でパカパカやって残りを取りました。その頃から右耳が楽になってきて聞こえるようになってきました。

耳が聞こえないということはこんなにもつらいことだと体感させていただき、普段の健康のありがたさを痛感させていただいた貴重な体験でした。

ミニソフトバレーボールの最中、目の中にドサッと

私は、週2、3回、夜の部の趣味のミニソフトバレーボールに出掛けていきます。その日も、いつものようにミニソフトバレーボールを楽しんでいると、ボールをトスした瞬間、左目に大きなゴミがドサッと落ちてきたのを感じると同時に、痛くて目を開けておれず、洗面所へ行って目の中を見ましたが、まつ毛やゴミらしきものはなく、取り急ぎ自分ができるハンドパワーを1分くらいすると少し楽になったので、戻ってバレーを続行しました。

その後帰っても、目がいつもと違う違和感があったので、調べもせずに、デトックス液を2滴入れて寝ました。次の日、いつも出ない目やにが両方の目に出ていて、腫れぼったく、奥の方がスッキリしなくて、目が全開していないような感覚でした。

そこで、すぐ測定すると、私にはまだ来たことのない網膜剥離の霊が、昨日ゴミが入ってきたように思った左目に、まだ㊀30憑いていました。その後、ピンやボタンにも㊀70も憑いていたので、目の中にドサッと来た時には㊀１００以上だったのに違いありません。

霊は、このように、バレーの最中でもこんなふうにボールから落ちてきて偶然目に入ったことで、事の成り行きがよくわかり、勉強させていただきましたが、これが目でなくて

メガネとか洋服だったら、こんなふうに霊に憑かれる瞬間が解明できなかったでしょう。
今回の体験は、本当に勉強させていただいた、貴重な体験でした。

骨折の霊に憑かれ1歩も歩けなくなってしまった!

平成18年3月ヘビの霊が縁の下にいて、そのヘビが主人に憑いていることがわかった頃のことです。主人の霊を取ってても取ってもきりがなく、私もどうしてよいのか自信喪失になり、誰かに助けていただきたい心境だった頃、知人より教えていただいた霊能者の方に、電話で主人のことを相談したところ、「ボスの霊がいて、そのボスがどんどん呼んでいる」と、わかったようなことをおっしゃられるので、私としても、そのボスの霊を何とかしていただかなくては、という気持ちになり、その霊能者の方に来ていただきたいとお願いをしてありました。その後、縁の下のヘビが原因と判明した後だったのですが、連絡がありました。時間が取れたのですぐに行ける、との電話がありました。30万円のお札が必要と聞いていましたが、お願いしてあったことだし、そのことであとで後悔してもいけないので、来ていただくことにしました。

新幹線の駅までお迎えに行き、近くの寿司屋さんで昼食をとり、神社が見たいと言われるので2社お参りし、家へ帰ってきて、私に憑いている霊？　に問いかけるのですが、一向に反応なく、塩と酒がほしい、と言われ、家の周りにまいて帰られました。結局、この間電話で言われた、親分の霊はどうだったのか？　何の答えも、納得のいくお話も聞けず、30万円お払いして、新幹線の駅までお見送りさせていただきました。

お送りして家へ着き、車から降りて石段で足を上げた途端、左足に異常を感じ、家へ入っていくとだんだんと左足が痛くなり、床に足を着くことができなくなってきて、松葉杖なしでは歩けない状態になってしまいました。何もしていないのに、急に恐ろしい非常事態になってしまったのでした。

私はとっさに椅子に腰掛け、先ほどまでお会いしていた先生に電話して、この旨お伝えしました。すると先生は、「霊は武士を怖がるから、武士の名前を唱えてください」と言われ、次々と武士の名前を教えてくださいましたが、一向に変化がありませんでした。私は先生の神通力を期待したのですが、それも無理なこととわかり、電話を切りました。

その時私は、人生で一番心臓が波打っていました。乳癌と宣告された時よりも、心臓が凍る思いでした。それというのも1度、骨折の霊に憑かれ右手が使えなくなったこと（前作「波動で見抜く人生の真実」に掲載）がありましたが、手の時は、トイレにも行けたし、まだ左手で何とかできる、しかし今回は赤ちゃんみたいにハイハイも痛くてできず、この不便さを思うと、どうしよう！　と不安がつのって、心臓がパクパク状態になってしまいました。

息子には「お母さんは今日、食事の用意できないから、自分で適当に食べてね」と言い、入院中の主人にも、「足が痛くて車に乗れないから今日は行けない」と連絡し、足を治すことに集中しました。いつもならすぐ写真を撮るのですが、カメラの所へも歩いていけず、波動機の前に腰掛けて、必死で原因を探り始めました。すると、手が使えなくなった時と同じ骨折の霊が憑いていました。骨折では足が使えないのは当然、手の時治ったのだから大丈夫、取るよりほかない、と自分に言い聞かせ、いつものやり方で、塩を持ったり当てたり一生懸命やりました。

だいぶ霊障が取れてきたら、足が少し床についても、足を引きずりながらなんとか歩けるようになったので、「今日は、お母さんはこのまま寝るから」と息子に言い、シールや塩など、足にいっぱい巻きつけ、早々と床に就きました。

次の朝、おそるおそる歩いてみると、普通とまではいかないですが、足をついても痛くなく、少しカバーしてやればよいくらいに回復できていて、歩けるありがたさ、足の大切さを、身をもって体験させられた出来事でした。

ミニソフトバレー試合の日、捻挫の霊に憑かれて

平成18年の年末の日曜日、地域の親交を深めるバレーの試合があり、私も参加していました。私たちのチームは5試合すべて終えていた時、まだ終わっていないチームの男性の足がつり、試合に出られそうもないので、私に代わりに出てくれるようにとの依頼がありました。私もいやではないので快く引き受け、さっそく試合が始まりました。始まって間もなく、けがなどしたことがない私が、足をくねらせ、手と尻もちをついてしまいました。私は、危ないと思い、すぐコートの外へ出て試合続行は難しいことを告げ、ほかの人にやっていただくことになりました。私は左足の捻挫とお尻の打撲で、休憩しながら霊障を取ったりハンドパワーなどしていました。

その後、大したこともなく、試合もすべて終わり、反省会で喫茶店へも行き、無事家へ帰りました。ところが、帰ってからも電話などして、2時間くらいたった頃、急に試合中捻挫しただろう左足が痛くなり、歩けなくなってきたのです。以前も同じ左足首に骨折の霊に憑かれ、左足を床に軽く着くことすらできなく、一歩も歩けなかった時、治らなかっ

たらどうしよう？　と心臓が凍るほど怖かったことを思い出しました。

今回の足の状態は、骨折の霊の時と違って、左足がソフトタッチなら床につくことができるのでした。症状は前回のより軽く、前回も１晩で歩けるようになったのだから、と思い、すぐさま測定してみると、今回はうらみ波動の出る捻挫の霊でした。

約１時間かかって、着ていたベストから20霊、くつ下３霊、ズボン内側４霊、左足首１霊、左手２霊取ったら、どうにか歩けるようになりました。そしてシップは何がいいのか調べると、温めシップがプラス20で、冷却シップがプラス70と出たので、冷シップを貼って寝ることにしました。寝る前にもう１度測定すると、あれだけ念入りに取ったのに、まだベストに２霊、背中にも３霊いました。

次の日の朝、いつものように階段もスタスタ降りてこられ一安心でした。しかし、昨日尻もちをついたお尻が痛いので、そこを写真撮ってみると、まだそこに５霊体もいたのでした。

そんなことをいろいろ振り返ってわかったことは、私が男性の方に、代わりに出てくれるように依頼された時、今回40霊ほど取り、バレー会場でも何霊かはわからないのですが取っていますので、それ以上の数の霊が私に憑いたということになります。私に、代わりに出てほしいと依頼してきた男性の方も、あとの反省会で写真を撮ったので測定したところ、同じ霊が1万くらい、右胸のところに憑いていました。

私が一番上に着ていたベストにたくさん憑いていたことと、今回の自分の体験で解明できたことは、左手と左の尻にもたくさんいたにもかかわらず、いつものようには簡単に取れなかった、ということでした。ドーンと力いっぱい床に手と尻をついたということで、表にいた霊が奥の方へ入り込んでしまったということだったのです。何回も何回もギューギューやって、やっと表に出てきて取れたのでした。皆さんも、すっきり改善できない時は、奥の院に入り込んでいるのかもしれませんので、このことを頭の中に入れておいてください。

そして私は、バレーも用心のため1回くらい休憩しよう、と思っていたところ、試合の次の日、バレーの練習日で、運悪く当番で、ボールを預かっていたのでした。休んでいるわけにはいかなくて、あわてて飛んでいきました。仲間に、「昨日捻挫したところだから、無理しないからね」とだけ言って、いつもどおりにやれて、一件落着となった出来事でした。

と、思っていた私でしたが、年末の忙しさに追われ、忘れかけていた捻挫でした。正月も、ムサシの赤痢菌騒動やサスケがけんかで相手からもらったインフルエンザの霊騒動で、私も休む暇なく忙しい日々を過ごしていて、自分のことなどかまっておれない日々でした。

やっと一段落の正月５日、昨日からドアを閉める時や開ける時など、少し力を入れると手首が痛いのでした。私の手は波動測定にはとても大切な手なので、大事になる前に調べようと思い、写真に撮りました。すると、年末のバレーの試合の時に憑かれた捻挫の霊が、まだ手首に３霊体残っていたのでした。ドーンと手をついたところでした。

尻もちをついたところもまだ違和感が残っていたので写真に撮ってみると、ここにも４霊体も残っていました。試合の次の日にもギューギューやって全部取ったつもりでいたのに、まだ残っていたのでした。その後も忘れた頃に、時々出てきました。

今回のことで、奥の院へ入り込んでしまうことや、日が過ぎてもまだそこに残っていたり、奥から出てくるという事実を解明でき、本当によい体験ができたと喜んでおります。

素晴らしい人との出会い――人生最高の日

私が前作を出した後、ずっと気になっていることがあり、人づてにお聞きした十数名の霊能力のある方に、お会いしたり、自宅にも来ていただいたりしていました。

私が波動測定で霊の世界が少しずつ見えてきた時、浄霊に高波動の塩を使用するようになりました。その塩の中に入れた霊を川へ流すように、ある霊能者の方に教えていただいていましたが、それで本当に成仏できているのか、また戻ってきて憑かれるのではないだろうか？　との疑問が常にありました。

そんな心中の時、私と同じたま出版から本を出版された方に出会うことがありました。その方は同じ愛知県在住の女性の方で、宗教を勉強された方ならご存じと思います。出口王仁三郎さんの生まれ変わりと言われ、小さい時から神様がそばにおられて、いろいろ教えていただけるとかで、神様にまつわるたくさんの資料もあり、どれもなるほどと感動できるものでした。私と同年くらいなので、もう何十年もその道を勉強され、体験を積まれているようでした。

その方の家へ初めてお伺いした時、帰りぎわに、「神様があなたにこの石をあげるように言われたので」と言って、10センチくらいの石を私にくださいました。その時、私は最後に現在自分が一番気になっている、川へ流している塩のことをお聞きしてみました。すると、神様にそのことを聞かれたようで、フン、フン、フンと首を振ってお聞きしている様子で、その後答えが返ってきました。「神様がおっしゃるには、今あげた石で消えるから、と言っておられる」とのことでした。

私は、「え、本当ですか?」と聞き直していました。その当時、私が一番求めていたのはこのことでした。そして私はその方（ヤワウサカナというお名前なので、以後はカナ先生と呼ばせていただくことにします）に、「では、家へ帰って実験してみます。本当にありがとうございました」と、お時間を費やしてくださったため、用意していった包みとお礼を申し上げ、カナ先生の家をあとにしました。

家へ帰るやいなや、塩の中に入っている霊の上に石を乗せてみたところ、1分もしないうちに、霊反応がなくなってしまいました。私の一番の悩みがいとも簡単に解決してしまったのでした。うれしくなって、すぐカナ先生にお礼の報告をさせていただきました。

その後、私の身近な人だけ、先生から石をわけていただきましたが、全員というわけにはいかないので、その石を写真に撮り、その写真を高波動にしました。そしてその石の写真を使って塩の中の霊を乗せたところ、石と同じように消えてくれたのでした。そのことがわかり、皆さんにも、塩や写真を使っていただいて消してもらっています。そのおかげで、今まで丹精かけて生産してくださった塩を大量に川に流してしまっていましたが、何回も再利用できるようになり、皆さんも喜んでくださっています。

私にとって最高の人との出会いを与えていただきました。

水で霊・菌・ウイルスが消える！

その後もカナ先生とは親しくお付き合いをしていただいていました。

ある時、先生が私に測定してほしいものがあると言われるので、先生のお宅に伺いました。すると、小さい容器を出されて、これは癌でも良くなるくらいのもので、神様も良いものと言っているので、波動で証明してほしい、と言われました。

私はその言葉を聞きびっくりして、「先生、癌が改善するということは、もしかしたら霊も消えるの？」とすかさず質問すると、「そうだよ、霊も消えるよ」とすぐさま返ってきた言葉。「え！　そんなにすごいものなんですか？　私は現在これが一番欲しかったものので、それが本当だとしたら、実にうれしいことなので、家へ帰ったらすぐに実験してみます！」と言って1本頂いて帰りました。

家へ帰った私は、さっそくネックレスに憑いていた霊に1滴振りかけると、一瞬で霊が消えてしまいました。やいやい、これはまたまたすごいものを教えていただいた、と小躍りして喜びました。

カナ先生にそのことをお聞きした頃、取っても取っても出てくる霊に、ほとほと手を焼いていたのでした。それはあまりにたくさん来るので、ふと思いついたことがありました。もしかしたら血液の中に入っていて、そこから出てくるのでは？　と考えられたからです。その考えがひらめいた時、ちょうど10年前に、家族３人で医者に行って血液の写真を撮ってもらったのがあったことを思い出し、探し出してきた写真を測定して驚きました。

そこには、自分たちの持病の霊やウイルスが、１滴の血液の写真の中にいっぱい存在していたことがわかったからです。血液の中にいるから、取っても取っても出てくる、そのことが解明できた時で、血液の中の浄化方法を探していた時だったのです。

これはデトックス液で水なので、薬でもなく、赤ちゃんから動物まで誰が飲んでも副作用もなく、飲みやすいというものでした。特に、ここの製品は火山の噴火が海にそそいで出来たもので、火と水の結晶なので、男と女、天と地、何事も相反するものの交わりは強くて、神の計らいだと、カナ先生は教えてくださいました。

その後、新聞に宣伝していたデトックス液も取り寄せてみましたが、霊・菌・ウイルスは消えませんでした。カナ先生に教えていただいたものが本当にすごいものだと実感させていただきました。いつでも、私がほとほと手を焼いている時、それを払いのける道しるべを教えてくださるカナ先生は、私には本当にありがたい先生です。このカナ先生のお力添えがあったからこそ、現在の私があります。

いろいろな解明ができて皆さんにお伝えできるのも、カナ先生のお力の賜です。

おかげさまで現在の私は、以前には見抜けなかった、テレビの中の霊能者の方や、たくさんの本を出版されておられる霊能者の方も写真を撮って測定することができるようになり、実際やってみました。大半の方が、神様と同じプラス1万以上の波動があり、高波動の方に守護されている方も見受けられました。ただその方たちには、菌やウイルスの存在が見受けられた方が多かったので活躍していただくためには、それも取り除けるといいのにな、と感じたところです。

しかし中には、動物霊が憑いていて、虚偽や道徳、感謝等マイナスのサタン霊に憑かれている方もおられました。多分、自分でも気づいていないのではないでしょうか？

第3章　私の身近で起きた出来事

姪のひじが痛い原因は？

姉のところへ電話すると、姪が12月の豪雪時の屋根の雪かきで痛めたひじが、医者に行っているが、半年もたつが治ってこなくてつらい思いをしている、とのことでした。私は多分霊障だと思っていたので、早く見てあげて楽にしてあげたいと思っていました。母の様子を見に行った時、姉のところへ行き、気になっていた姪を一番に測定すると、やはり霊障でした。

骨折㊀3、腰㊀3、のサタンキツネでした。現在の私は、手からの浄霊のほかに、身体の中どこかにひそんでいる霊体まですべて見通せる実力にまでなっていたので、身体の中にいた骨折の霊をすべて見つけることにしました。まず問題のひじからは13霊、手から3霊、お乳の下から2霊、足から2霊、腹から1霊、フトンからも4霊、全部で25霊、天国へいっていただきました。

そして次の日の朝、姪の喜びの声が聞かれました。いつも手を左右に動かすと痛かったみたいでしたが、動かしても、ひねってみても痛くないと、うれしい報告がありました。しかし反対側のみ「押すと痛い」と言うので測定してみると、靱帯㊀3、筋肉㊀3、収縮腱㊀3と出て、これは霊障ではなく、本人という測定値なので、雪かきの時ひねって腱が伸びてしまったのでしょう。靱帯の伸びてしまったのが良くなるのは月日がかかり、一筋縄ではありません。原因がすべてわかり、骨折の痛みからは解消でき、うれしい様子でした。

その後の測定で、姪のおばあさんが屋根から落ちて同じ手のひじを傷め、死ぬまで痛みを感じながら亡くなっているので、写真を測定してみたら、姪の痛いひじから出てきた霊と、おばあさんの写真の波動測定数字とは一致していました。

畑にいる菌に刺された姪と甥

平成19年は、身近にいる菌とウイルスの勉強をしていました。そんな時、姪に電話したら、脇の下が虫に刺されてブクブクに腫れ、痛くて、かゆみがあり、どんな薬塗っても効き目がなくて「病院へ行こうと思っている」と言うので、多分菌かウイルスがいて、それが取れなくて治らないのだから、その薬を全部拭き取ってから、塩で除去するように言いました。そして、その前に患部を写真に撮っておき、除去した塩も写真に撮っておくように言いました。

そのとおり実行したら、まもなく腫れもひき、痛み、かゆみも治ったようでした。届いた写真から原因を測定してみると、ポリオ灰白髄炎が㊀40、サイトメガロウイルス㊀10ついていていました。塩の写真にも同じものが全部入っていました。姪も、脇が腫れた日は畑の草を片づけていたらしいのです。

その夏のお盆に主人の実家へ泊まった時、今度は甥が居間の畳の上に寝てから、背中を何カ所も虫に刺され「かゆみが止まらない」と言うので、写真を撮ってから吸着板でこすって菌を取ってあげたら、すぐにかゆみが取れたようでした。この菌もポリオ灰白髄炎でした。刺された畳の上にもこの菌がたくさん残っていました。

次の朝、「かゆみはどう?」と聞くと「ちょっとかゆいところがある」と言うので見ると、今度はレオウイルス㊀4が1カ所に付いていました。姪の脇も、2、3日後「どう?」と聞くと「腫れもひいてきたけど少しかゆい」と言ったので見るとアデノウイルス㊀3のみ付いていました。このような体験から見ると、ひどい状態の時だけでなく、続けて菌やウイルスを取り続けることが大切ということがわかります。

それだけたくさん症状が出てきたということは、ほかにもまだまだいっぱいいて、すきあらば傷口に付いてくるからです。甥の家も、畑へ行ったりするので、服や身体に付いた菌やウイルスが居間の畳の上にも付いてしまったのでしょう。

孫の40度の高熱が下がらず

前作を出して間もない平成18年5月18日夕方、娘から電話があり「娘の○○が40度の熱が出て、昨日医者へ行って薬を飲ませているけど熱が下がらず心配なので、今からそちらに行くから見てほしい」との連絡がありました。

夜8時頃、わが家へ着いた孫はぐったりしていて、目もうつろで、一言もしゃべらず、ぐたーっとしているだけでした。私はすぐ元気にしてやれる自信もありましたし、「よしよし、すぐ元気にしてあげるね」と言って、測定を始めました。すぐ細菌感染の霊障だと判明し、３霊体ほど取り除きました。

孫に「痛いところある？」と聞くと、孫の痛いという場所あちこちに不思議と霊反応があるのにびっくりしました。あちこち塩とシールで取り除くと元気になり、ジュースや果物など食べたり、お話もできるようになりました。

これで快方に向かうな、と思って一安心したのもつかの間、一晩寝ても熱が一向に引かず、夜もぐっすり眠れなかったようでした。次の日も昨日と同じようにあちこち憑いていて、塩とシールで取ると元気になるが、熱はそれほどひかずでした。

夜になって孫が足が痛いというので見ると、そこに8霊体いました。医者にはプール熱と言われていたみたいで、熱も、４、５日は下がらない、と聞いていたみたいです。孫もプールへ入っていたので、足の傷口から細菌が入り込んで、ここが熱の源かも？　と思い、急いでその霊も塩の中へ入れました。その後、これで熱は下がるのでは、と思ったけれど、次の日になっても下がらず、娘は「お母さんも当てにならない」と言い出し、「病院の薬を飲ます」と言って、20日の朝、薬を飲ませました。

娘は、その日仕事があり、孫を私に任せて出て行きましたが、その直後、孫は吐き気をもよおし、薬も吐いてしまいました。その日の午後は波動会場の日で、孫を連れて会場へ行きました。会場が始まる前、なかなか下がらない熱のため、最近頂いた、霊も消してくれる石を孫のおへそに当ててみようと思いつきました。30分くらい当てていたら、孫の身体から汗がドーッと出てきて熱が下がり、元気になってしまいました。

何日も霊が出て来たところのを浄霊していましたが、大元のところを浄霊できなければ回復できない、ということを身にしみて勉強させていただいた1件でした。

食中毒の霊に憑かれて

平成17年10月26日の夜中、息子はひどい吐き気に襲われ、トイレから出られなくなってしまいました。

すぐ髪の毛を切って測定すると、痛み・中毒・細菌の霊に憑かれていました。すぐ塩を持たせて浄霊したのですが、全部取り切ることができず、ヒイヒイ悲鳴を上げて苦しんでいました。時がたつにつれ、点滴！　痛み止め！　抗生物質！　と、うわごとのように漏らしていました。その間私も、今何が必要なのか、どうしたらこの窮地を救えるのか必死で波動機に向かっていました。

　真夜中のことであり、また霊障とわかっているのに病院へ行っても、検査検査で適切な治療も受けられないだろうし、何とかして治さなくては、と暗中模索しておりました。痛みには、シールでプラス99と出るし、細菌・中毒には、神水と神塩がプラス99と出たので、神様にご奉納していた御神水に神塩を入れてコップ1杯作って、息子に、これが治ると出たから飲むように言ったら、下も上もつかえて1滴の水も飲めない状態だったので、「そんなもん飲めるか！」と怒るのです。「ちょっとでもいいから飲んでごらん」とうながしたら、怒ってやけくそでコップ7分目くらい飲んだのです。そしたら、その後、吐き気が起こり、それを出してしまったら、すっかり落ち着いてしまい、一件落着となったのでした。

　胃の中にも霊がたくさん残っていて、その霊が塩水と一緒に外に出てくれたので改善できたのだと思います。波動機は何が効くのかまで教えてくれたのでした。波動機さまさま、神様さまさまの事件でした。

　夜中11時から夜明け2時頃までの奮闘ぶりの測定経過がありますので、参考にしてください。

食中毒　H17・10・26

	痛み	中毒	胃	細菌
PM11時	−3	−2	−2	−2
PM12時	−3	−2	−2	−2
AM1時	−3	−2	−2	−2
AM1時半	+3	+9	+9	+9
AM1時40分	+4	+10	+10	+10

その日より仕事もでき、30日はパラグライダーに行きました。

骨折の霊に憑かれ、身動きが取れなくなった主人

平成19年7月1日、日曜日。朝、主人が起きてくるなり、夜、不思議なことがあった、と言う。身体がファーと浮いた感じがしたと思ったら、ベッドから落ちてしまい、いつもベッドに寝ているが、その夜の出来事は自分でもふに落ちない出来事だったらしい。そのせいで背中が痛く、めずらしく自分から「写真を撮って調べてくれ」と言ってきたのです。

調べてみると、サタンヘビの骨折の霊が、頭、背中、左太股に憑いていました。骨折だから痛いはずだわ、と言って、全部浄霊しましたが、落ちた時、筋肉組織を傷めたらしく、浄霊してもマイナス2でした。筋肉組織や靭帯損傷の場合は、回復までに日数が必要なので、やっかいなことになってしまったのでした。そして日曜だったこともあって、自分は大好きな競馬に出掛けていきました。それだけ元気だってことでした。

ところが、息子が起きてくるなり、「背中が痛いのでシップを貼って」と言ってきたので、念のため、そこら辺の浄霊をしてからシップを貼ってあげ、そして浄霊したものを調べたところ、主人に憑いていた骨折の霊でした。やいやい、これは大変、息子にまで憑いているということは、家中調べてみなくては、と思い、さっそくカメラであちこち写すと、息

子の部屋、主人の部屋、風呂、洗面所と、マイナス30の固まりが6カ所にいることがわかり、浄霊しました。

次の日も、本人や応接室や居間にもマイナス30の骨折の固まり14霊浄霊し、その晩は塩をいっぱい腰に当てて寝るように指示し、朝その塩に⊖30の固まりが5霊も憑いていました。私はその後もまめに主人を測定し、その日夜までにほかに30の固まり15霊、身体のあちこちから出てきたので浄霊しました。そのほかに、工場や部屋、特に主人の車にもたくさん憑いていて、⊖30の固まり12霊も浄霊しました。

その夜は私にも来て、寝返りもできず、すぐさま横に置いてあった浄霊グッズを背中へ当てたところ、すぐ楽になりましたが、たった1霊来ただけで身動き一つ取れなくなって、ひやりとした瞬間でした。本当にこの業のおかげでいつも助けていただき、ありがたいことです。

次の日は、夜中、腹と腰に塩を当てて寝た主人は、マイナス30の固まり5霊浄霊でき、あと2霊ほど来ただけで、仕事もできるほど元気になりました。そして、まだ家や車や工場などにまだまだいるので、夜、豚肉とスイカをあちこちに置いておくことにしました。

なぜ豚肉とスイカかと申しますと、日曜にスイカを切ったら、いきなりスイカに骨折マイナス30の霊が憑いてきたので、スイカが好きなのかな、と思ったからです。肉はヘビの霊だったので、肉とスイカにしたのです。

次の日、どちらに憑いているのか見ると、肉の方に全部憑いていました。やっぱり肉の方が好きだったのか……。

そしてその日は、食事療法もしたのに、主人にいっぱい来て調子が悪くなり、しかめっ面ばかりしてご機嫌ななめでした。私は主人を調べて浄霊したり、部屋や工場など調べたり、浄霊して疲れてしまいました。

これでは取っても取ってもきりがない、今日でマイナス30の固まり、97霊浄霊したのですが、またその夜からたくさん来てしまったので、どこか大元を見つけて浄霊しなければ、と思いました。ふと、１週間くらい前、主人がヘビがいた、と、ヘビのあとを追い、逃げた場所へ殺虫剤をいっぱいかけておいた、と言っていたのを思い出し、その辺のところを写真に撮ってみました。

そして調べてみると、びっくりしてしまいました。そのヘビがいただろうあたりの雨どいの下の方の部分で、マイナス８９６０という、すごくたくさん固まっている大元があるのがわかり、謎が解けてきたような気がしてきました。

またその骨折の霊は、うらみ・薬害もあり、もしかしたらそのヘビかも？　と思い当たる節がありました。薬害で水が飲みたくて雨どいに行ったのかも？　と思った私は、8千の浄霊後、肉、スイカ、水と、供養を兼ねて試してみたのでした。すると水に憑いているのです。最初スイカに憑いたのは、水がなかったので、水の代わりに水分のあるスイカを食べにきたのでしょうか？

その後まとめて8千以上も浄霊できたせいでしょうか、ポツリ、ポツリとしか来なくなり、主人のしかめっ面もなくなり、仕事に精を出してくれるようになりました。主人曰《いわ》く、ちょっと身体をひねっても、軽い咳が出ても頭のしんまでズキッ！　とくる痛みで、何とも言いようがないほど苦しかったそうです。

そんな苦しみもすっかり忘れ、ただ筋肉組織の痛みは少しはあるみたいですが、もとの元気な主人に戻ってくれました。ちょうど1週間の奮闘生活で解決できたこと、ありがたく感謝させていただきたいと思います。

孫の風邪、インフルエンザ、感冒と忙しい2日間

娘は仕事があるので、私に孫の子守を土・日と頼んでいました。金曜の夕方に家に来た

のですが、孫はいつもと様子が違い、元気がなく、食事時だったのですが、娘の話だとそんなに食べさせていないというのに、話もせず、食欲もない様子です。娘は、「昨日から風邪はひいているけど保育園も行けたし、どうしたのだろう？　そう言えば、今保育園でインフルエンザが流行っているので、それをもらってしまったかな？」と言います。

その話を聞き、すぐに原因を調べると、孫には風邪14霊、インフルエンザ1霊、感冒1霊が憑いていました。10分くらいですべて浄霊して、10分くらいたった時、孫は先ほど用意してあった食事を自分勝手に食べ始めたのです。浄霊のおかげで調子が良くなって食欲も出てきたみたいです。

次の日も、娘は仕事に出掛け、私と孫は10時に食事をした時、孫は昨日の残りのカレーを食べると言って、お代わりまでしていっぱい食べました。その後、買い物へ行ったら「寒い、寒い」という言葉が時々あり、帰ってくると昼ご飯は食べたがらず、「眠いから寝る」と言って寝たのですが、「寒い、寒い」を連発したので、すぐ測定すると、インフルエンザがたくさん来ていました。熱もだいぶある様子で、まっ赤な顔をしています。寝ている間中、一生懸命浄霊をしました。その後４時に起きてからは「イチゴなら食べる」と言って１パック全部食べられるほど回復していました。娘が６時に帰って来た時は一段と元気になり、焼きそばをお代わりするまでになっていました。

ところが、夜10時頃からまた熱が出てきたのか、ほおもまっ赤になり、ぐずぐず言い出してきました。測定すると、今度は感冒が来たようで、気分も悪い様子で、夜中私も心配で眠れず、起きて測定し、浄霊をしました。すると朝は元気よく平常に戻っていたので、外でキンカン採りや花の水やりなどをして遊びました。
2、3日の間に、風邪、インフルエンザ、感冒と、同時に次々と襲ってきたが、浄霊すれば食事もとれたし、寝込むこともなく、ただ私が測定や浄霊に忙しかっただけで、楽に過ごせ、帰っていきました。
その後、次の土・日曜もまた子守を頼まれていて、先週と同じく金曜の夜に来たのですが、この日もまた元気なく、「まだ風邪治ってないの?」と娘に聞くと、「今日も保育園に行ったし、異常なかったけど、やはり元気はないね。でも岡崎へ来た時でよかった!」と気楽な娘の言葉です。

すぐ測定すると、風邪の霊が来ていたが、先週の風邪の霊とは違う霊のようです。

孫は、トイレに行ったけど尿が出ないみたいで、いつまでも座っているので、寒いのでまたあとにしよう、と言って、力んでいる孫をうながしてトイレをあとにしました。

娘に、「○○○、腎臓が悪いのでないの？　おしっこがしたいけど、出ないみたいだよ」と言ったら、「いや、今までそんなことなかったよ」という返事。

そして次の日、土曜の朝も、「トイレに行きたい」と言わないので、私は心配になって、どこが異常なのか測定したところ、腎臓ではなくて、現在孫に来ている風邪の霊が膀胱が悪いみたいでした。

孫がトイレへ行った時の様子や、水を飲まず、氷が欲しい、という孫の行動が読めました。その日、しっかり浄霊したら、約1日ぶりにトイレに行くことができました。次の日も、20時間ぶりにトイレに行き、その後正常になりました。

同じ風邪の霊ですが、あとで来た霊は膀胱を患っていたので、孫も同じ症状になってしまったのでした。同じ風邪でも、熱が出るウイルス系のインフルエンザから、のどの痛い喉頭や扁桃腺疾患から、咳を伴う気管支炎の霊から、肺まで影響する感冒の霊から、尿が出ない霊まで、さまざまです。また、霊障でなく、本物のウイルスや菌に侵されてなる風邪やインフルエンザもあります。

私には長年の研究で測定すればどちらなのか判別でき、どちらも簡単に取り除くことができるようになってきましたが、どちらが多いかと言えば、大半が霊障の風邪がほとんどです。

いずれにしても、どんな時もこのようなことを承知して、日頃から何が来ても取り除けるように訓練してあれば、あわてなくて数十分で楽になり、また来たらまたそれに対処すればよいのです。信じられる人は会場に来て、見て覚え、自分で浄霊できるようになってくださると、今後の人生、何ものにも代えがたい宝物になることでしょう!

お盆の出来事（姪のC型肝炎ウイルスと姉の足の痛みの原因）

毎年、お盆には、姉の家へ行って波動測定を行うことが定番になっていました。いろんなことを勉強させていただく姉の家ですが、平成20年8月も、最近私が体験させていただいたことの結集があり、本当に驚きの日々でした。

まず13日、さっそく跡取りの姪が、身体がだるくて腰が痛く、寝たらもう起きられないくらいつらい、と言うのです。測定するとウイルスがいっぱいです。何のウイルスかとだんだんに煮詰めていくと、C型ウイルスと出ました。数は波動機では測定できないくらいの数の多さです。これではつらいのは当たり前です。いつものように塩を持たせると、1万以上が塩の中に入ってくれました。「ちゃんとやってるの?」と聞くと、あまりのつらさで、この5分もかからない基本の出し方をやっていない、と言います。でも、これをやらなければ苦しみは続き、ウイルスの数もどんどん増えてしまうのです。

私はいつも皆さんに、苦しかったら塩を持ちながら寝ればよい、と常々言っているのですが、塩を持って追い出しグッズを2カ所当てるだけで、ものの2、3分で、身体に憑いている霊・菌・ウイルスまで全部出てきて、塩の中へ入ってくれるのです。こんなに簡単で楽な方法は、世界にも類をみないほどすごいことなのに、このありがたさを忘れてしまっています。そこで塩の中へ入ったのを再確認して、やっぱりさぼらないでやらなければ！と再認識しているありさまです。

そんな姪の身体には、塩の中に入って来ない場所もありました。その後、写真を撮ってみると、頭にまだ㊀400くらいC型ウイルスが残っていました。それは吸着板でこすって取り、塩に入れました。

その他に、姪は太っているので「この脂肪は肥満の霊が憑いているのか、見て」と言うので、お腹を写真に撮って測定してみると、ウイルスがいっぱいでした。しかし先ほどのC型ウイルスではないのです。詳しく見ていくとアデノウイルスでした。それがどうして肥満に関係あるのか見てみると、肥満では反応しないのに、コレステロールだとマイナスと出るのです。姪は病院で、コレステロールが高く、薬も出ています。結局、この肥満の原因はアデノウイルスがお腹にいっぱい付いて、コレステロール値が上ってしまったという事実が判明したのでした。

その後、テレビで肥満の人が出ている番組があったので測定してみると、お腹にアデノウイルスを持った方が多くいたので、やっぱりこういう人たちもいらっしゃるのだ！　と納得しました。

身体のだるいのや肥満の原因もわかってきたところで、姉や姪の子供も測定したところ、同じようにC型ウイルスがいるので、これは一大事、家中じゃないの！　とびっくりし、原因を探さなくては、ということになりました。

現在使っているしょう油やだしの素、つゆの素など写真に撮り測定すると、ほんの少し残っていた〇〇〇〇からマイナス20のC型ウイルス反応が出ました。残りほんの少しで㊀20ですから、最初はどれだけ入っていたのか見当もつきません。ストックが5本あるというのでそれも測定すると、1本のみ入っていませんでしたが、あとは全部ウイルスが入っていました。一番数量の多いのが㊀160だったので、それはどうしたら消えるか実験しました。

波動機に乗せた○○○○の、マイナスの音がプラスの音になるのに、６滴デトックス液を落としたところで、マイナス音がプラス音になり、ウイルスが消えてくれました。皆もその実験を見て、これからは、フタを開けた時６滴くらいのデトックス液を入れてから使用しなければいけない、ということを勉強したのでした。

Ｃ型ウイルスについては姪がすごい数だったのですが、あとの家族は数は少なかったので不幸中の幸いの出来事でした。姪も、ウイルスの出場所もわかったので、そこを集中的に取っていって、数も減ってくれば楽になってくるでしょう。

また、夜、嫁に行ったもう一人の姪と姉との３人で寝ていると、夜明けにトイレに行った私に姪が眠れない、と言って話しかけてきました。時々不眠症になる姪には、不眠症の霊障が憑いているのがわかっていたので塩を持たせました。

隣の姉も、足が針で刺されるみたいに痛くて、シップでも貼ろうか、と騒いでいるので、電気をつけ、まず痛いところを写真に撮り、吸着板でこすったが、まだ治らない、というので、そこに塩を当てておきました。朝になって、二人のを調べると、姪の塩の中には不眠症の霊がマイナス50入っていました。姪はその後すぐ寝られたそうです。また、夜明けに姉の足をこすった吸着板と塩の中味を測定すると、吸着板の中に㊀６５７０、塩の中にも㊀５０００もの、動脈硬化の霊が入っていました。

朝、姉が痛いと言っていた部分を押すと、まだ痛いというので、また吸着板で取ること２、３回で痛みが消えたようでした。

右足のくるぶしのところだったので、くつ下やはきものにも憑いていると思い、畑へ履いていく右側の長ぐつも調べると、㊀１９０の動脈硬化の霊が憑いていました。

姉は、疲れた時は、いつも薬局で買ってきてストックしてある栄養ドリンク剤を飲んでいる、というので、11本あったドリンク剤を並べ、写真に撮って測定すると、そのうちの２本が㊀50と㊀１６０の、姉の右足から出てきた霊と一致しました。姉は前々からこのドリンクを飲んでいましたが、何年もたって、ちょうど私が宿泊した日に激しく痛くなったおかげで原因解明ができたわけですが、私がこんなことをやっていなければ、姉は永久に原因はわからず、足にシップを貼り、動脈硬化になっていったに違いありません。世間の人たちは、年をとるとあちこちどんどん悪くなってくると、年のせいにするのが当たり前になっていますが、見えないところでこういう事実があったのです。

私は、毎日この事実を測定してあきらかにしているので、ほとんどにこういった真実がひそんでいるのが現実だと理解しています。皆さんも、この事実を１日も早く知っていただきたいと思います。

※その後、また後日談がありました。

ちょうど1年後の夏、主人の四十九日で、姉たちが田舎からわが家に来ました。姉はその日来るなり、昨日も一昨日も右足首が痛くて眠れなく、昨日は睡眠薬まで飲んで寝たが、それでも痛かった、と嘆いているのです。

私はその話を聞き、昨年のことを思い出し、すぐ写真を撮ると、昨年と同じ動脈硬化の霊が1万以上憑いていました。すぐ浄霊したら、ものの2、3分で「あれェ全然痛くないや、不思議！」と感動の声……。前のことはもう忘れて、シップ薬や睡眠薬に頼っているのでした。宝の持ち腐れとはこういうことを言うのでしょう。よく聞く話なので、皆さんも気をつけてほしいと思います。

気功で浄霊

以前、用事で家に来てくださった方が、「今日は腰が痛くて、本当は病院へ行きたかったのだけど……」とお話しされたので、「私は現在そういうのは、朝飯前くらいに簡単に元気にしてあげられますけど」と言うと、「それじゃ、是非私もお願いしますよ」とおっしゃられますので、いつものように測定してみると、腰の悪い人が憑いていたので、「これは霊的なので、医者へ行っても良くなりませんよ。今からその霊を浄霊してさしあげるので」と言って、両手に塩の包みを持ってもらい、後頭部と丹田にシールをあてがい、波動機で測定すると、5分もしないうちに塩の中に入ってくれたので、「もう腰の痛いのは良くなっているはずだから、立って、いつも痛い動作をやってみてください」と言いました。すると、立ち上がり、腰をねじって、一緒に来た人にいぶかしげに、「痛くないよ、本当に痛くないよ。あれー、不思議だ！　さっきまで痛くて病院行きたいなんて話していたんだよね！　あれぇ、どうして！」と納得がいかない様子でした。これでずっと痛みが来なければ、これは本当にすごいことだね！　と感動してお帰りになりました。

　また後日、家へ来られた時は、「以前、腰の浄霊をしていただいてから、本当は自分としては、そんなのどうせまたすぐ痛みが復活するだろう！」と思っていたらしいのですが、それが長々と腰の痛みを忘れていたそうで、それで感動した彼は、今まで絶対信じられなかった分野、見えない世界を信じるようになり、気功の勉強を始め、今度は自分で人様に施すようになったそうです。

周りの調子の悪い人に気を施すと、皆、楽になってくる、と言われるので、喜んでやらせてもらっている、とのお話をされました。その日、タバコを吸いたいと言われるので、そのタバコを測定したところ、２本に霊障がありました。それも、以前その彼に憑いていた腰の悪い霊でした。多分このタバコから腰痛をもらっていたのでしょう！　そのタバコを彼が気を入れるから、あとで浄霊できたかみてほしい、と言われ、その後、気を施したタバコは、測定すると霊障が消えていました。私も残りの１本を、彼と同じく気を入れてみました。そしたら同様に消えてくれました。

彼の、事実を知りたい願望のおかげで、私も一緒に実験でき、また一つ向上させていただけた時間でした。彼も「これからはタバコに気を入れてから吸うようにしよう」と言われ、感動してお帰りになられました。

そんな彼からまた電話が入り、友達で一人、どうしても良くならない人がいて、原因がわからず、つらい思いをしているので、どうしても私の力を借りて原因究明をしてほしい、との依頼がありました。

後日、一人の男性を連れてやってきました。その男性は10年以上、下半身がしびれていて違和感があり、病院へ行っても原因もわからず苦しんでいるとのお話でした。測定してみると、霊がマイナス1万くらい太ももに憑いていることがわかりました。その時、その事実を彼が聞き、僕が気功でやってみるので、浄霊できたかどうか見てほしい、と言われるので、彼に気功をやってもらい、写真を撮って調べたところ、ほとんど浄霊できていたので、もう1度気を入れていただくと、すべて残らず浄霊できたのでした。

結局、この事実を通して気功をやって気を入れていくと、憑いているものが浄霊できて、自分におおいかぶさっていた悪いものが取れ、自分の元の身体に戻れ、楽になってくる、ということが明らかになった1日でした。

彼も自信を得、私もこのことがきっかけでハンドパワーをやるようになり、工場や部屋など、広い所や、塩で取れない穴の中、また塩を持っても出てこない時や数の多い時などは、ハンドパワーでやっても消えることがわかりました。彼は、神様が送ってくださった、救世主だったのかもしれません。

わかりやすい霊障家族

ある日の波動会場の日、友人が娘さんと小学4年と3歳の孫二人を連れてきた時のことです。

3歳の次男が会場の前でワンワン号泣で、会場の中へ入れない状態でした。そこで私はピンと感じるところがあって、その子の髪の毛を切って測定しました。すると、やはり思ったとおり、サタン霊が㊀410も憑いていました。サタンはいやがって邪魔をするので、外で塩を持たせて浄霊するように指導したところ、すぐに泣き止み、おとなしくなり、会場の中へ入ることができました。

今度は、母親が頭痛がするとのことで、測定してみると、第2頸椎からくる頭痛が霊障でマイナス10でした。浄霊すると、すぐ頭痛は治まったようでした。

するとすぐ横で小学4年の長男が、ひどい咳をし出しました。測定すると第6頸椎のぜんそくマイナス4の霊が来ていました。浄霊すると咳はすぐ止まりましたが、またすぐ咳が始まり、咳が出てきた時は必ずぜんそくの霊が来ていました。

その霊は、長男の周りにいて、頭や肩などに憑くと同時に、すぐさまひどい咳が襲ってくるのでした。そこで、咳が出てきたら、頭や背中や肩などを吸着板で取ることを、5、6回繰り返し、6霊ほど浄霊したら、やっと来なくなりました。長男も病院の診断ではぜんそくと言われていて、夜になるとひどくなるそうです。

こちらで長男の浄霊をしている時、3歳の次男がまたぐずったので、友人がすぐ塩を持たせて浄霊したらおとなしくなった、というので、その塩の中を調べると、来た時いっぱい憑いていたと同じサタン霊が1霊体、塩の中に入っていました。

私はこの家族の一連の様子を見て、「お母さんは頭痛がしてきたら、次男はわがまま言い出したら、長男は咳が始まったら、確実に霊が来ているというサインだし、わかりやすくて浄霊しやすいから、不幸中の幸いだよ」とお話しさせていただきました。

この一連の出来事も、私たちは、目に見えてわかるのですが、このことが世間では、こういうことから原因が起こっているということがわからないので、病院や薬に助けを求めています。1日も早く、この事実を皆さんが体験され受け止めることが、解決の早道だと思います。

息子が変わった日

神様は、ある人を通して私に、手を使いなさい、ということを教えてくださいました。その後、私も、人や機械、部屋など、先に写真を撮り、どこに何霊体いるか調べておいてから、ハンドパワーをして、そのあとまた写真を撮り、浄霊できているかどうかを調べたところ、自分でも不思議、ちゃんと浄霊できているのでした。

そんなことに自信を得た時、居間でうたたねをしていた息子の目が、まぶたを閉じているのに目玉がくるくる動いているのです。これはまさに誰か違う物体がいる証拠です。すぐカメラで写して測定すると、やはり霊が6霊体憑いていました。これは、そっとハンドパワーをするほかない、と思い、息子のそばに座ってハンドパワーを2、3分やってみました。そして写真を写して測定したところ、ちゃんと浄霊できていたのでした。

息子はここ2年近く、私のことを何だかんだ文句を言い、お前の言うことなんか信用できるか！　と言ったりして、時々反発してきて、浄霊もしてくれない日々が続いていました。そんな時、私も頭にきて、もうどうなってもいいや、勝手にすれば！　と立腹した日々もありましたが、やはり親子、そうは言っても何かあればお互いに助け合わなければならない身。陰ながら息子の部屋や車や工場などの浄霊だけ、時々やっていました。しかし当人の浄霊をすることができなかったのでした。

今回1年ぶりにハンドパワーで目にいた霊、それはずっと息子を苦しめてきた結腸癌のうらみの霊でした。私が以前から言っているように、サタン霊とうらみの霊は、浄霊されることをいやがります。だから、私の家に来ることや、特に私のことをとても嫌い、とんでもない罵声を浴びせたり、悪口を言ったり、異常に逆らったりしてきます。

私もそんな霊の言葉に乗せられ、憤慨することもありますが、うらみの霊が言っていることだから、と心の奥では理解していますし、時たまそんな言葉が出てきた時も、私は逆らわず黙っています。その霊は、肉体の面では結腸癌で苦しみ、精神面では感謝・不信疑惑がマイナスと出ますので、生前誰かにだまされ、裏切られたのかもしれません。その怒りが、時々、息子にも影響し、爆発します。そして息子自身が「おれは世の中誰も信用できない」と時々もらします。

しかし、その霊は、道徳観や協調性・虚偽等はプラスですので、仕事は責任を持ってやってくれるし、正義感が強いので悪いこともしないので助かります。この目の浄霊後、息子が変わってきました。すっかり自分自身の本霊の性格に戻ってきました。

2、3日後、息子が、「この頃体調が良くなってきた、なんだろう?」と言うのです。最近、言葉も態度も変わってきていたので、私も思い切って「この間、あなたの目の中に霊がいたので取ったからかも」と言ったら「目など浄霊した覚えないけど」と言うので、「この間、気功のできる方が来られ、気を施しても霊が消えることが実験でわかったので、お母さんもやってみたらやれたので、あなたの目も、寝ている時ハンドパワーでやったのよ」と返すと、「気功で悪いところが治るなら自分も習って覚えようかな」という言葉まで出てきたのでした。

その後、自分から進んで浄霊もし、測定も受けてくれるようになり、今は1霊体もいないので健康そのもので、朝から夜遅くまで張り切って仕事をやってくれています。

ＥＭにぞっこん親友

小中高と同じ学校で学び、高卒後も同じところへ就職したほど仲のよかった親友がいます。私たちは福井県生まれですが、二人ともなぜか愛知県に住んでいます。そんな彼女が、家を新築したことを聞き、お祝いにいかなくてはと、常々頭の中にありましたが、毎日の忙しさに追われ、延び延びになっていました。

しかしながら、忙しいのはきりのないことで、「行くよ」と電話したところ、私が本を出して霊の世界を勉強していることを知っている彼女は、「来てくれるのはうれしいけど、主人が霊の話をいやがるので、その話はしたら駄目だよ」と釘をさしてきました。

私としては、波動を始めてから1度も彼女の前でやったことはなかったし、昔の私ならまだ究極の域に達していなかったところもあり、自信もなかったでしょうが、現在の私は、世界中の原因不明が解明できたと思うくらい波動に自信もあり、行くからには、絶対に本物の波動を見てもらいたい！　そうでなければ、そこで時間を費やすのはもったいないし、また、昔、私が困っていたとき、サッと手を差し延べてくれた大恩ある親友であり、私しかできない波動測定でご恩返しができると思ったので、絶対に見てもらいたいし、見れば絶対にわかってもらえるという自信もあったので、強引に説き伏せ、波動機持参で彼女の家を訪問しました。

彼女だけ測定するという話でしたが、やれば内容もわかり、誤解も解けて、ご主人も一緒に測定させていただくことになりました。そんな彼女もご主人も大病はありませんが、お互いに人より弱いところが霊障であることがわかり、浄霊させていただきました。しかしながら、60年近くの長い間、一緒に同居してきた霊、血液の中にもいっぱい入っているし、周りにもいるから、これからも油断せずにどんどん浄霊していく必要がある旨お話させていただきました。

その後、話の中で、彼女たちはＥＭ（有用微生物群）にぞっこん惚れ込んでいました。そのＥＭも、その昔、私も友達より教えてもらい、地球のためになると思い、彼女にも本を送って読んでもらったのがきっかけでした。その後ＥＭに惚れ込んだ彼女は、今度の新築家をすべて天然素材にこだわったばかりでなく、それらの土壁の中、柱、コンクリートの中にまで、ＥＭを塗ったり混ぜたりしたそうです。そこまで念入りにＥＭを使って建てた家は彼女の家が初めてで、実験第1号のようで、災害にも負けない強い家になるそうです。そんな超自然にこだわった家ということで、新聞にまで掲載され、見学者も多いということでした。

そんな素晴らしい家にも、落とし穴があったのです。それは、私が彼女の家を訪れなければ、波動機を持っていかなければ、永遠にわからなかったことだと思う、超驚きの事実が隠されていました。

それは、ＥＭを自分たちで培養したものがあり、これも良いものか、波動測定してほしい、というので測定したところ、霊反応が出てきてしまったのでした。それじゃ新品のは？と見ると、全然問題はありません。彼女たちが培養したものに対してだけ、霊の実在があるのでした。何の霊か追究していったところ、ご主人に長年いっぱい憑いていたアレルギー疾患で、喉頭疾患・イヌ小胞子菌のマイナスの因子を持っている霊が、その中に入り込んでいることがわかりました。ＥＭを二人で培養している時、手に憑いていた霊が、その中に偶然入り込んでしまったのでしょう。

そして、その培養ＥＭを、壁や柱や畑、観葉植物、そしてお風呂にも入れ、飲んだりもしていた、との話を聞き、あちこち調べることにしました。そんなこんなで、ついつい時間も遅くなり、帰る時間を逸してしまい、泊まることになってしまいました。

次の日、畑は2階から3カ所に分けて写真を撮ると、全部でマイナス1万くらい、また家の中もあちこちその霊の存在がありました。こんな広い場所をどうやって浄霊できるの、私にはまだ経験がなく、自信もありません。最近やれるようになったハンドパワーで、ご主人に憑いていて塩の中に入ってこない霊を浄霊していたのを見ていた彼女は「ハンドパワーでやればできるはずだからやってほしい」と言うのに勇気づけられ、私も実験でやってみることにしました。

まず2階に行き、畑に向かって3カ所5分ずつハンドパワーをし、する前と、した後とを写真に記録しました。さっそく調べてみると、ハンドパワーの後の畑には何の霊反応もありません。ということは、浄霊できたということなのです。自分でも広範囲と数の多さで自信はありませんでしたが、事実なのでした。そして家の中もあちこちハンドパワーをして、その日は彼女の家をあとにしました。

その後、一つだけ、とても気がかりなことがありました。それは彼女たちが培養したというEMが、20リットルの灯油缶約2個分が、まだしっかり彼女の家に残っているというう事実です。その容器の中は、波動機で測定不能な数のアレルギーの霊がたくさん入っています。ご主人は、ＥＭ菌を増やすため、毎日シェイクしていたのでした。霊も菌もウイルスも、振動で分裂して増えることは、私の実験でも解明しています。そんなわけで、大変な数になっていたのでした。そのような空恐ろしい物をそこへ置いておくのもいやだろうし、捨てる所もなく、良い案が浮かんでこなかったのでした。

私もかつてないことで思案に暮れていました。いろいろ考えてみて、容器の上からハンドパワーをするしかない、と思い、後日また彼女の家を訪問しました。それでさっそく実験開始です。二つあるので、一方はハンドパワーで、もう一方は、最近出合った霊も菌もウイルスも消滅させてしまうデトックス液を（波動を何百倍にも上げたもの）10滴入れてみました。すると、両方ともすべて消滅してくれて、大成功でした。彼女はハンドパワーがすごいと言い、私はデトックス液がすごいと言い、もう拍手喝采の結果となりました。

このような成り行きで、私も２度とない不思議な体験ができ、一つも二つも成長させていただき、また彼女も、大事に至る前に偶然にも発覚し、すべての原因を取り除けたことは、あまりにも偶然という言葉では片づけられない、神の計らいとしか考えられない出来事で、私たちの親友としての絆が深まったのでした。

旨《うま》い話には裏がある

　ある日、友達から電話があり、「今までさんざんだまされてきたが、今度は、今までと絶対に違うすごい話なので聞いてほしい」と言ってきました。しかし、私は、今まで何千万円も出費し、痛い目に遭っているので、そういう話はもうこりごり。と、どんな人にもお断わりしています。それでも、今度は、何年も実績のある会社だし、インターネットにも出ていて、絶対間違いないから、とのこと。「じゃー、社長の写真があったらみてあげるから」という話になりました。

　その後、セミナーがあって、写真を撮ってきたから、とセミナーの帰り二人の友達と一緒に家へ来ました。

　私は、その日ミニソフトバレーボールの練習日だったので、30分しか時間がなかったのですが、急いで、その社長の写真を測定すると、私のにらんだとおり、虚偽、たくらみ波動のキツネサタンが右目にマイナス1万以上憑いていました。

　その測定をみていた3人は、皆、事の成り行きを理解し、「もう人は誘えないね」と話していました。

この方たちは、真実がわかり、人はまきぞえにできないという良心のある方々でした。そんな彼女たちに、私の力説する波動がどこまで真実性があるのかも、お話しさせていただきました。すると、一人の方が、指を骨折した後が、まだしっくりいかなくて、と言われるので、すぐそこを写真に撮ると、まだ３霊の関節炎の霊が憑いていたので、それをすぐに浄霊しました。すると「今までと、全然違う！　楽！」という言葉。そこで、もっと完全になるように、そこにデトックス液を塗り、２分くらいのハンドパワーを施して「どうですか？」と尋ねると、友達の顔を見て「正常、全然違和感がないよ」と不思議な顔をして言われ、皆びっくり！　すると、もう一人の方は「私も腰や座骨神経が痛く、どうしても治したくて隣の県まで通っているけど、一向に改善できてこないのだけど……」とか、また手が良くなった人も、「腰やのどが悪くて」と言い出してきました。

のどは、見ると、イヌ小胞子菌が原因とわかりましたが、時間もないので後日ということになりました。

３人共、だまされてしまったのですが、そのおかげで、私と出会え、自分のつらい悩みが解決できることになったのだから、最高の日になって良かったね、という結びになりました。

※そんな私も以前は、老後が安心とか、世界の環境が良くなるとかの話に便乗し、随分痛い目に逢ってきましたが、現在の私は、虚偽やたくらみ波動の人を見破ることができるようになってきました。

半年間咳に悩まされた波動士

霊障を測定できる数少ない波動士の方が、半年間ほど咳に悩まされていました。私が時たま電話した時でも、咳がひどくて話ができないほどでした。私たちは、血流や免疫の良くなるネックレス（前作に掲載）を身につけているので、自分自身が悪くて咳が出ることはないはずなのに咳が出るというのは霊的なのでは？　と、私が「霊障は取り除いたの？」と聞くと、「いや、やってない」と言うので、「そんなの霊的に決まっているから、すぐ浄霊した方がいいよ」と言って電話を切りました。

その後、ずいぶん良くなった旨聞いていました。そして後日、私の家の方へ用事でいらっしゃった時のことです。まだ時々咳をするので、私が測定してみると、まだ1霊体いたので、その場で浄霊しました。もういいだろうと思って話していると、また時々咳が出てくるので測定すると、また1霊体来ていました。先ほど浄霊したのが塩の中から出てきたのかと思い、塩の中を調べたら、まだ塩の中にちゃんと入っていたので、先ほど取り押さえた霊のほかにいた霊が来たようでした。しかしそれは、次に測定するともう反応がなく、逃げられてしまいました。

その後、写真の測定を、その方にもお願いしたところ、途中で波動機がウーウーとうなってしまい、測定不可能になってしまいました。そんな時は波動機に霊が憑いてしまったということを説明し、私がいつも取り除いているやり方を教えてあげてやってみると、みごとに浄霊でき、塩の中へ入ってくれました。一度正常になった波動機が、今度はまたブーブーと音が出てしまうので、もう1度浄霊して、また1霊塩の中に入ってもらい、その後波動機も正常に動き出し、測定可能になりました。

結局、その方にまつわりついていた咳の原因となっている喉頭疾患のサタン霊3霊体、塩の中に取り押さえ、その後、いただいた石で天国にいってもらいました。その後、長時間お話ししていましたが、咳は一度も出ることはありませんでした。

現在の私たちはこんなふうに波動機についた霊等も見つけることができるようになりましたが、以前の私たちや、現在波動機を取り扱っていらっしゃる何万人という人たちは、故障したからと、メーカーに送り修理を依頼したり、今日は調子が悪いと言いながら必死で測定していたりしました。それが正確な数字だったのか、今になって振り返ってみると疑問が出てきます。

波動機が人間とすれば、メーカーに修理依頼したのが、身体の身動きが取れず病院へ行った、ということになり、また調子が悪いと言いながら測定していたのは、体調は悪いが身体が何とか動けるので仕事はしていた、ということでしょうか。原因を取り除いた結果、長い間苦しんでいた咳も出なくなり、波動機も正常になり、正確な数字が出てくるのです。このことは、単に波動機だけに限らず、あらゆる機械や製品、そして動物や人間にも言えることなのです。

娘の夫婦げんか

娘は、主人がスキルス性幽門癌で入院した時に、主人があと3カ月の命とも言われていたのもあって、「退院したらどこか旅行へ連れていってあげるね」と、うれしいことを言ってくれていました。そして、無事退院し、1カ月もしないうちに一人前を食べられるようになった主人と私は、下呂温泉に1泊泊まりで連れていってもらうことになりました。

その日、そこは超一流のホテルでしたが、何が原因かわかりませんが、1回運んできてから次の食事が1時間近くたつのに持ってこない。このことで皆シビレを切らしていたところ、娘の旦那様が「どうなっているか電話する」と言い出したところ、娘は「ホテルのこと、何か訳あって来れないんだから辛抱して待つように」と意見が対立し、二人とも1歩もひかないのです。そんなことからけんかが始まり、娘は泣きながら隣の部屋へ行ってしまうし、主人は「せっかく呼んでくれてありがたかったけどもう帰る」とか言って怒るし、私は「もう皆いい加減にして！」と声を荒げてしまいました。きまずい夜のこと、「今日は皆塩を持って、水晶当てて寝なさい！」と言って眠ったのです。しかし翌朝には、何とか仲直りし、いろいろな所へ立ち寄って、楽しく帰ってきました。

帰ってからさっそく、夜握った塩の中を調べると、二人の塩の中には協調性マイナスのサタン霊が入っていました。両方に協調性がない霊が憑いていたので、二人とも1歩もひかなかったわけです。あと道徳観等はプラスなので、はめをはずすことはしないようです。

どんなことにもそういったことが関連しているのだなあ、とつくづく感じさせられたけんか旅行でした。

転んで痛めた脇腹だけど

娘が、お盆の里帰りのつもりでやってきました。その時、転んで痛めた脇腹が、1週間くらいになっているけど、まだ痛くて治らないけれど、転んで青くなったけがで、霊障ではないだろうから、お母さんにも治せないよ、と言います。

しかし私は、今までの体験から察すると、こんなのもあんなのも、ほとんどがそういうことなので、写真を撮ってみたら、筋肉組織マイナスのサタンが憑いていることがわかりました。ただ、サタンが憑いていると本人の態度も悪く、言うこと聞かないので、取らずにほうっておくことにしました。一晩寝たら、メチャクチャ痛くて動けない、と言って、旦那さんに保険証を送ってくれるように電話していました。

私は霊障だから病院に行っても良くならないことはわかっているので、仕方なく娘に、筋肉の悪いのがいっぱい憑いているから、それを全部取らんと良くならんよ、と言うのですが、娘はサタン霊に憑かれているので聞く耳も持たず、だけど痛くて動けないので、いやいや私の言うとおりにしていました。

私も、こんな横柄な態度の娘を測定して時間を費やすのももったいないと思いましたが、横でゴロゴロしてもらっていても腹が立ってくるので、仕方なく、いっぱいいる霊を見つけて浄霊しました。そのうち痛くなくなったらしく、うろうろ動き出し、今のところは痛くないわ、と言うだけで、感謝の言葉もありません。娘は昨日、そんなんで治らないから病院へ行く！　と息巻いていた手前もあってか、感謝の言葉も出てこないのです。

次の日、保険証が届いたので、私も意地悪く、「あなた、病院行くんでないの？」と言いましたら、「もう痛くないからやめた」との返事。ここまできても感謝がなくて！

娘に限らず、最近は本当に感謝のない人が多くて、つくづくいやになってしまうことが多いこの頃です。

平成18年11月1日（水）の出来事

朝起きると、夜中皆が浄霊したものを測定するのが私の日課で、その日の朝も、波動機の前に座りました。しかしブーブーうなってしまって測定不可能！　こんなときは、波動機かその部品に霊の存在があるからです。塩で浄霊すると、波動機も正常になったので、どのような霊のおかげでブーブーうなっていたのか見てみると、私が以前、毎日、良いと思って、知らずに飲んでいたお茶の中に入っていた霊で、いまだに時々出てくる便秘で脳梗塞でレンズの悪い霊でした。そう言えば昨日の夜、痰が出て、その中にも霊が入っていましたが、ティッシュに取り出したまま捨てずに波動機のそばに置いてあったのです。そのことを思い出し、もしかしたら、と思って、ティッシュの中を測定してみると、その中はもぬけの殻でいなくなっていました。同じ霊だったので、多分、その霊がそばの波動機に憑いたのでしょう。やはりその場で天国へいっていただかないと、また訪問されてしまうということが証明された出来事でした。

そんなことから始まった1日でした。今日は、子どもの月命日でもあり、毎月1日は、仏壇の掃除をして、いつもの食事のほかにお菓子やジュースなどを供えています。最近では仏壇に供えたものは、研究のためにお下げしてきた時に、霊が憑いていないかどうか写真に撮ってみます。最近は家の中もきれいに浄霊してあるので多分いないだろう、と思っていましたが、霊反応があります。よくよく調べると、仏壇にお供えしていなくて余分に買ってきたおまんじゅうに憑いていました。私がお供えした物以外に、その周辺も余分に写真撮りをしたので、その事実がわかったのでした。

そして、その霊が誰に関係している霊だろう？　と思い、調べましたが、私や主人、息子、猫などに来ている霊ではなく、全く新しい霊だったのです。そういえば今日は月命日で、主人がお墓掃除に行っています。そして、たまたま今日に限って、主人がお墓の写真を写してきていたのです。もしかしたら、と思って、急いで現像してみると、１霊体、お花の下の方に憑いていました。その霊を詳しく調べると、心臓・腰・卵巣が悪くて亡くなった霊でした。それからすぐまんじゅうに憑いたのを調べると予想が当たり、お墓の霊と一致していました。

わが家にまで来て、食卓の上のまんじゅうにまで憑いているということは、主人と一緒に来たのだから、主人にも憑いているかもしれないと思い、「出かける」と言った主人の髪の毛を切って測定すると、やはりその霊が４霊体も憑いていました。夜、主人が帰ってきたので、もう１度測定したら、どこへも行かず、しっかり主人に憑いていたので、浄霊させていただきました。

また、今日は時間もあったので、衣替えもしていたのですが、その途中、夏のズボンを片づけようと思い、持った途端、左大脳がシビレてきたのです。これはこのズボンに憑いていると思い、すぐ調べると、やはり左大脳の悪い人がズボンのカギホックに憑いていたので、すぐ天国へいっていただきました。

また、二日前には、娘が友達の結婚式に出席するため帰ってきていました。風邪が流行っていて治ったところ、と言っていましたが、結婚式から帰ってきたら熱が出たと言って寝込んでしまいました。インフルエンザの霊でした。私はすぐ何回も浄霊して、その日の夜にはすべて取りはからい、熱も下がりました。

次の日の朝、何事もなかったように帰っていったのですが、そんな娘が寝ていた部屋は、1度調べておかなくては、と気になっていましたが、忙しくてやっていなかったので、今日は部屋の写真を撮り調べてみることにしました。すると、ベッドの上と毛布に、風邪とインフルエンザの霊が1霊ずつ置き土産してあったので、すぐさま天国にいっていただきました。

朝、波動機に来た霊から始まり、お墓の霊、ズボンにいた霊、娘が置いていった霊、それらを逐一調べ、いろいろと勉強させられ、こうして、私の1日があっという間に終わってしまったのでした。

平成18年11月2日（木）の出来事

今日、朝は天気もよく、外に出たら、寒くなってきたせいか、庭のアロエの緑の葉が黄色くなってきていました。寒さに弱い植物だから、寒さをしのげる工場の中へ持っていった後、ほかの植木鉢の手入れをしたり、枯れ葉を拾ったりしていたら、もうお昼ご飯の時間！　お昼の仕度をして、昼１時からは、最近見出した昼メロを、泣きながら観賞。こんなことをしている暇はないのだが、と思い、測定しながら見ているので、そんなに進まない。また時々、いつも来るくも膜の霊等が来たりして、生あくびと涙でなかなか進まない。

夕方友人が来ると聞いていたので早めに夕食の仕度をして、食事も済ませる。夕方来た友人は「風邪の真っ最中、よくそんな身体で出歩けるね」と言ったほどひどい状態！　誰しも風邪をうつされると思い、いやな思いをするでしょう。私でも、風邪イコール霊障とわかっていていてもいやな気分。余分な仕事が増えるからです。

あまりにつらそうでかわいそうなので、すぐ浄霊してあげることにしました。測定すると、身体にマイナス50、洋服にマイナス15、持ち物にマイナス10を浄霊すると、さっきまで鼻水がタラタラ落ちてきていて、ティッシュでは間に合わなくハンカチで拭いていて、３枚目がビタビタの状態だったと言っていた鼻水がピタッと止まり、鼻が通るようになった、とのこと。わずか10分くらいの時間です。

するとと今度は「のどが痛い」と言いますので、測定すると、喉頭疾患の霊がマイナス30来ていました。それも５分で浄霊すると、今度は目から涙が出てきた、と言いますので、見ると、悲しみの霊がマイナス10、それを浄霊すると、今度は、眠たくて目を開けておられない、と目を閉じてしまうので、見ると、動脈硬化の霊がマイナス10、それを浄霊すると、次に目がかゆくて仕方ない、と目をこするので、見ると、花粉症の霊がマイナス10、それを浄霊すると、やっと静かになってきました。

まあ、次から次へと忙しく「いっぱいいたねー」と二人で感動し、ひと息つきました。今あなたの身体と荷物の中は全部浄霊したけど、家へ帰ったらまだいっぱいいるからね…、と念を押しておきました。

彼女はすっかり元気になって帰った後、めったに見ないクモが出てきたので、あやしいクモと思い、すぐ写真に撮りました。しかし、撮った場所がすっきりしていなかったので、もっとわかりやすい所で撮ろうとするが、元気に逃げまわるので、どんどんと床をたたいて静かにさせてもう1回写真撮ったら、あまりにおどかしすぎたのか、最初の写真には憑いていた風邪の霊が、次に撮った写真にはもういなくなっていました。あわてて周りを写真に撮ってみると、近くのネコのフトンに憑いていたので、急いで浄霊しました。本当におもしろい現象でした。

ほかにも置いて帰っていないかみると、私の服にも1霊、彼女が座っていた椅子にも風邪が2霊憑いていました。霊障を見て浄霊するのも、数も多いし大変なのに、お客さんが帰ったあともあちこち測定して浄霊しなければいけないので、私の身体はいくらあっても足りません。このような出来事を済ませると、貴重な1日があっという間に終わってしまったのでした。

平成18年11月3日（金）の出来事

今日は、２００キロ以上離れた田舎へ、頼んであったお米を取りに行く日です。主人だけでもいいのですが、せっかくなので私も便乗して行くことにしました。田舎には、浄霊してあげたい人がいっぱいいるからです。

２週間前にも法事があり、行ったところですが、14人の人を測定してきました。皆、あまりにたくさんついているので、取っても取ってもきりがない人がいっぱいです。それでも、その場で痛みが取れてしまったり、身体が軽くなってくるので、皆、少しでも多く浄霊してもらおうと真剣です。自分で浄霊している時は、浄霊できたかどうかもわかりづらいし、またどこにどれだけいるのか、ということもわかりませんが、測定中だとすべてはっきりわかり、納得できるので、このいきに浄霊してしまうのが早道なのです。私も、である限り波動機の前で頑張り続けて、少しでも多く浄霊してあげるようにしています。あとは皆に、しっかり指導して帰ります。

主人の兄嫁さんも、最近、入退院を繰り返しています。1度岡崎へ来たら元気になるからおいでよ、と言うのですが、なかなかその気になれないみたいです。仕方ないので、行くたびに浄霊してあげていました。

私もここ1、2カ月で、前にも増して上達し、何もかもわかるようになってきましたが、1年前までは、出てきた霊を浄霊するだけの域でしたが、現在では奥に引っ込んでいるのも見つけて、1度に浄霊できるようになってきたので、現在、私の周りでは、測定してもほんの1、2霊しかいない人が多くなってきました。今まで何万、何千というほど憑いていたのが、もうゼロに近いのです。ということは、今まで悩まされてきた持病ともさよならができるということなのです。兄嫁さんも、今回もたくさんいたのをすべて浄霊しました。すると、その場で、頭や身体が軽くなり、下半身の〝しびれ〟も取れてしまいました。兄嫁さんのつらい症状は、不眠症と高血圧、うつだったのですが、これは霊障なのです。最近では薬の副作用で、頭の重さと下半身のしびれが増えています。

私がその場で説明し、症状を良くしても、その場は納得するのですが、80歳を過ぎた兄嫁さんは、またすぐ自分の長年の慣れた生活を続け、浄霊するでなし、しびれの薬を止めるわけでなし、また元のもくあみなので、最終的な結果は出てきません。50代、60代の人なら理解力もあるのですが、70代、80代の人たちは、どうしても昔からの切り替えができないので大変です。

そんな時はやはり、若い子どもたちが年老いた家族をフォローしていくことが大切です。その代表的な道しるべが、私の1番上の姉の家族です。75歳の姉はもう年寄り組で、わかったようでわかっていないところがあります。そんな時、子どもがしっかり言い聞かせて、上手に成り立っています。

姉は前よりネックレスを愛用してくれていて、自分の長年の頭痛が、ネックレスを使用してからよくなってしまったので、その良さは自分でしっかり感じ取って喜んでおりました。ただ、霊障のことになると、自分にはピンとこないものですから信じがたいのでした。なぜなら姉は糖尿と白内障と、医者から言われていますが、そのような霊を取り除いても、その場で体調が変わることが感じ取れないので、今いちだったのです。しかし、娘や孫たちはその場で腰や手の痛みが取れたりして、疑いようもなく私を信じていますので、75歳の姉も、娘の言うことを聞いてそのとおりにします。

今回は、姉も1カ月近く手首を痛めていて治らず、そしてそれも運良く関節炎の霊障だったので、3霊ほど取ったら、姉が不思議そうな顔をして手首をさわったり動かしたりしながら、「なぜかしら、さっきまでさわってても痛かったのに、いくら強く押しても動かしても痛くないが！　キツネにつままれたみたい！　不思議！　不思議！」を連発してきました。私は、「だから前から言っているでしょう！　こんなこと、当たり前のことやがね」と、私は姉の子どもに同意を求めました。姪はすかさず、「だから、母さん、これからはテレビ見ながらでも塩持って取っていかなあかんのや」と、姉に指導しました。

姉の家には、糖尿の霊、腰やひざ、脳梗塞の霊等、皆いっぱい憑いているので、一生懸命やれば、きれいになるのも間近でしょう！

息子の胃の激痛

平成20年9月11日（木）の夜中12時近く、ジョギングから帰ってきた息子は、「走っていたら胃の辺が急に冷たくなった」と言うので、「測定しようか」と聞くと、「いいわ」と言って、私の測定を受け付けませんでした。

それもそのはず、ここずっと2年くらい、息子は私のことを信用したがらず、毛嫌いしていたのでした。しかし、何回か発病することがあったので、その時はいやいや私の測定を受け、また浄霊もしていました。が、元気になるとまた元のもくあみです。私もあまりの暴言に、時々、もうどうでもいいや、と立腹する時もありましたが、息子にはうらみの霊が憑いていたので、その霊が表に出てきた時はすごい言動になることが多いのです。私はそのことをよくよく理解しているので、これは本人じゃないから、と思い過ごしてきました。

そんなことで、普段、本人は浄霊しないので、常々本人の部屋や車、会社など、写真を撮って浄霊していました。また今回は測定をしない息子のことが心配で、夜、浄霊グッズを息子の部屋へ持っていき、寝ました。

夜中３時、息子が私の部屋へ来て、胃がだんだん激痛になり、自分で取ったが治らない、と言ってきました。私はすぐ起きて測定すると、胃と小腸の悪い癌の霊がいっぱいでした。午前中㊀１２５００くらい浄霊し、今回はハンドパワーという手段もあるので、両方やりました。昼は、部屋や工場また本人と測定し、まだまだ見逃していたところを見つけ、㊀３５００くらい浄霊しました。

私はその日、岐阜の娘の家へ行くことになっていました。

私は夜8時頃までやれるだけのことをやり、あとは自分で頑張ってやるように言って、後ろ髪をひかれながら岐阜に向かいました。娘の家で寝ていると、翌朝7時半、主人からの電話で起こされました。息子が夜から調子悪くて大変なことになっているので、すぐ帰ってくるように、という電話でした。私は娘にその旨を告げ、とんぼ返りで帰ることにしました。

一番かわいそうだったのは、私の行くのを待ちに待っていた孫の○○○でした。朝、孫に「ばあちゃんね、兄ちゃんが病気でつらいって言っているから、帰って見てあげないといけなくなっちゃったの」と話すと、とっさに「○○○も頭が痛い」と言って頭を押さえるのでした。その言動に、娘も私も、○○○の気持ちが痛いほど心に伝わってくるのでした。

そんな岐阜からすぐとんぼ返りして、自宅に着いたのは10時でした。それからすぐ測定していくと、胃に1万弱の霊が出てきていました。それは、塩を持っても出てこない霊だったので、ハンドパワーで浄霊しました。その後、まだ横側から撮った写真にも5千くらいいることがわかり、それも横のほうからハンドパワーで浄霊しました。

本人は、吐き気や痛みや腹の張りがあり、苦しんでいましたが、胃の辺に大量にいた1

万5千くらいの浄霊ができてくると、楽になってきた、と言ってきました。そこで、胃の波動を測定すると、マイナス6だった胃の波動が、プラス11に上がってきていました。そこで再びハンドパワーをして、プラス20まで上げました。

そうこうするうちに、どうしても出てくれなかった便が出て、改善できてきたのでした。午後2時頃のことでした。いつものパターンですが、腸閉塞なので、便が出るとすっかり良くなってしまうのです。夜には軽い食事もでき、次の日も次の日も休日だったので、パラグライダーに出掛けられるほど元気になってしまいました。

今回のことで、霊のことは絶対信じない、と心を閉ざしていた息子も、自分で浄霊もし、測定も依頼してくるようになったのは、不幸中の幸いの出来事になりました。

孫の白血病

娘のところへ用事で出掛け、娘と一緒に孫を保育園まで車でお迎えに行った時のことです。車に乗ってきた孫は、久しぶりにおばあちゃんが一緒にお迎えに来てくれたというのに、車に乗るやいなや、おしゃべりもせずに、私に寄りかかり眠ってしまいました。

私はその時、孫の様子に異常を感じ取り、娘の家へ帰るとすぐ波動機を出して、原因を探り始めました。孫は会うたび鼻水を出していることが多く、「また風邪ひいたの？」と言って風邪霊を浄霊していました。今回も風邪霊がいました。それもすごくたくさん、頭の上に出てきていました。

その風邪霊の内容をもっと詳しく測定していったところ、白血病がマイナスで出てきたのでびっくりしました。よく鼻血を出したり、疲れやすかったのです。そして、その霊は風邪の症状もあったので、娘も「そう言えば、季節を問わず鼻水が出ていたね」と話していました。

最近、原因もわかり、どんどん浄霊もしているので、鼻血や鼻水もほとんど気にならなくなってきましたが、先日わが家へ遊びに来た時、夜中、鼻血が出たので、すぐさまそれを写真に撮り測定したところ、血液の中にはまだ白血病の霊が出てきていました。数はずいぶん減っただろうけれど、まだまだ残っているんだなあ、と実感させてもらった出来事でした。

時計・扇風機・トイレ・冷蔵庫・電話・車の故障の原因

お盆も終わり一息できた平成20年8月18日、家の中で故障しているのを直すことにしました。

最初に時計です。新築祝いに頂いたので、もう15年になる置き時計です。先日電池を交換したのですが、動いていないので中を開いて測定してみると、ポリオ菌が㊀30とアデノウイルス㊀40付いていました。すぐハンドパワーで全部消すと、正常に動き出しました。

次に扇風機ですが、弱・中・強のうち一番多く使う中が反応せず故障していました。この扇風機も一番古く、15年以上も使っているもので、〝よく働いてくれてありがとう〟でも充分なのですが、測定してみると、中にイヌ小胞子菌が㊀30付いていたので、これをハンドパワーで消すと、正常に動いてくれるようになりました。

さらに、トイレの温水洗浄便座の水圧の威力がなくなりました。こちらも、もう15年も使っているので新しく替え時かな、と思いましたが、写真を撮り測定してみると、水勢調節のところに、いつも息子に憑いている結腸癌の霊が㊀10憑いていたので、それをハンドパワーで消すと元の水の勢いに戻ってくれました。

また、冷蔵庫も同じく15年になりますが、最近、冷凍庫が凍らず、アイスクリームも溶けてしまいました。息子が「一番強くしたけど直らない」と言うので、調整のところを写真に撮ってみると、冷凍室のところには、私に子どもの頃から憑いている乳腺癌の霊が㊀

70、冷蔵室にはアデノウイルス㊀20とレオウイルス㊀40が付いていたので消すと、次の日からは正常になり、アイスクリームも凍るようになりました。それから半年後、今度は製氷ができなくなり、いよいよかな、と思いましたが、とりあえずいつものように疑わしいところを全部吸着板で取り除き、水を入れておいたところ、ちゃんと氷が出来て箱いっぱいになっていました。その後1年近くなりますが、すべて正常に働いてくれています。

　そしていろんなものが正常になっている中でも一番の驚きがあります。20メートルくらい離れた家の裏にある工場より、電話の子機を1台、家の方に設置しているのですが、その子機は15年間雑音がひどくて、なかなか聞き取りにくく、余程のことがない限り使わないようにしていました。そして、その雑音の原因は、工場との距離があるからだ、と誰もが15年間思い続けてきました。

　しかし浄霊したら、その雑音が、すっかりなくなってしまい、今では一番聞き取りやすい電話に変貌してしまったのでした。このようなことが原因だったとは、誰もが信じ難い思い込みだった一件でした。

　その他にも、カメラ、ビデオ、プリンター、パソコン、電気釜等、直して使用しています。また工場のトラックのブレーキも、３人が試乗して異常を感じ、私がブレーキ辺にいた霊障を浄霊してからも、点検してもらったところ、異常ないとのことでした。試乗した３人も前のような異常がないという話でした。

他の車のブレーキの話では、車の整備士をされている方がこられ、中古の自動車を買われて、前の人がぶつけたのと同じところをぶつけてしまった、と言うので、そこの場所を写真に撮ると、そこにうらみ霊が憑いていました。そこで、その車のアチコチを写真に撮って調べると、ブレーキのところにも、うらみ霊が憑いていたのでした。その整備士の方は、ブレーキが他の車との違和感があり、点検に出したのですが、まだしっくりせずにいたところ、私にブレーキのところにいるうらみ霊を指摘され、びっくりしたそうです。その部品は、ブレーキのマスターバッグといって高額なので交換はしなかったところだったそうです。

見つけたうらみ霊は、全部浄霊させていただいたところ、帰路のブレーキの踏み代は、笑みがこぼれるくらい改善されていたという報告がありました。

そのように、毎日お世話になっているもろもろの家電や生活必需品ですが、その機能のところに、ウイルスや細菌・霊障等が憑くと、それらの機能が阻害されて、その機能を発揮できなくなるのです。

年数がたてばたつほど、異物が付く可能性も多くなってきます。人間も動物も植物も品物も、つかれた異物の多い少ない、恐ろしいもの、強いもの、簡単なもの、いろいろあると思いますが、一つずつ取り除いていけば、元の身体、また使用可能な商品になってくれるのです。

この真実を世界中の人にお伝えしていくことが、私の使命だと思っています。

息子のカーナビ・新品洗濯機の故障

ある日、息子が「カーナビが故障してフタも起き上がってこない」と言っていたので、息子の車のカーナビの写真を撮り、測定してみると、サイトメガロウイルスが1万以上、どっさり付いていました。ハンドパワーで見えるところを消しましたが、スイッチを入れても一向にフタも開いてくれません。ウイルスなので小さいすき間より中の方に入ってしまったようです。取り出して中の方にもハンドパワーをやらなくてはいけないのでしょうが、私の力ではそれを取り出すことはできません。

仕方なく、息子に「修理に出して直してもらったら？」と言いました。その後修理依頼に出したら、修理代が7万円くらいかかるとのことで、「7万円もかかるのなら新品を買った方がいいかもしれない」となり、再度その報告の連絡があった時、私が電話に出たので、車からはずしたままのカーナビを「元に戻さずにそのまま返してください」とお願いしておきました。そういう状態だったら、私が元どおりに直せる可能性があったからです。

戻ってきたカーナビを、ハンドパワー、線香などでウイルスを除去し、息子に一応取り除いたので車に接続するように言うと、息子は「線が山ほどあるので、自分も自信ないが、やってみるけど、大変な作業なので1回しかやらないからね」と私に念を押して取り付けました。

結果、元どおりに使えるようになり、7万円の出費がなくなりました。息子はパラグライダーをやっているのですが、カーナビが故障した日、木に引っ掛かった人のパラグライダーを木に登って回収したということを聞き、カーナビに付いたウイルスのことは納得がいきました。木や草や土地には、いろんな菌やウイルスがいます。その木に直接登ったことによって、木にいたウイルスが息子の服や手に付き、車のカーナビにも付いてしまったのでしょう。

その2、3日後、3カ月前に買い換えた洗濯機が故障してしまいました。洗濯機が使えないと、たった1日たりとも不便で仕方ありません。保証期間中でもあり、販売店にお願いしてもよいのですが、それでも何日もかかってしまうと、忙しい私がますます手間がかかってしまいます。そこで、自分で改善できないかと思い、思い当たる部分、この時は給水がエラーになったので給水部分を、あちこち写真に写して測定してみると、風呂水汲み上げの部分と洗濯機の給水口に万単位のサイトメガロウイルスがいっぱいでした。これが原因か！　と思い、すべてを除去し、再度スイッチを入れるといつもどおりに動いてくれて正常になったのでした。

サイトメガロウイルスは息子のカーナビにも付いていたウイルスです。木に登った時に、たくさん服や身体に付いたのが、風呂水に入り、ウイルスが給水口であふれてしまい、異常をきたしたのでしょう。その後も2回同じことが起こりましたが、目に見えない菌、ウイルスを除去することにより、正常になりました。

息子の休日はほとんどがパラグライダーとスキーをすることなので、どうしても山に縁があり、運が悪いと木や草原にいる胞子菌やウイルスに付かれる可能性が多いのです。そんなことを頭に入れて、吸着板などで手や服の掃除をしてから車に乗ってくれると、車や家の中への持ち込みも少ないはずなのですが、若いので、「そんな、うさんくさいことはバカバカしくていやだ」と言ってやってくれないので、あとでいろんな障害が出てから対処している次第で、私が忙しくて仕方ありません。しかしながら、こういうことが何度もあってこそ解明につながることなので、通らなければならない道だったのかもしれません。

いずれも、手間はかかりましたが、出費もなく、電化製品の故障の原因が、菌やウイルスであることの重大な手掛かりがつかめたことは、人類史上お金に換算できないくらいの莫大な利益につながる出来事に違いありません。

原因はタバコ？

主人のタバコが原因で何度も苦い体験をしている私ですが、母の三回忌で故郷へ帰った時、姪のご主人がアチコチ身体中痛いところだらけで、測定してほしいとお願いされました。測定すると、左肩が痛いところには、アデノウイルスが1万以上、右ひざと股関節のところにも各1万以上のポリオ灰白髄炎が付いていました。手のひらにはアデノウイルス、右足裏にはポリオ灰白髄炎が各1万以上付いていました。

これらを吸着板と塩とハンドパワーですべて除去した後、トイレに行っていただき、尿も写真に撮ってもらうと、そこにはアデノウイルス５０００くらい、ポリオ菌が８５００くらい出ていました。ハンドパワーした後は尿の中へ排出されるので、尿の写真撮りをしたのでした。そうすることによって何がどれだけいたのかより詳しくわかるからです。

翌朝、身体中が楽になった、本当にありがとう！　と感謝の言葉が返ってきました。まだ、奥の方から出てくるから、あとは自分で続けて除去していくように伝えました。この方も息子と同様、山が好きで、休日は山の幸を取りにいくのが日課になっている方なので、山の菌やウイルスが付いたとばかり思っていました。

しかし翌日、居間にあった灰皿の中のタバコの吸いがらの山を写真に撮って測定してみて、びっくり仰天。そこから出てきたのは、昨日ご主人が、肩が痛い、ひざが痛い股関節が痛いと言っていたところにいたのと同じ菌とウイルスが、その吸いがらの中に入っていたのでした。

またまた原因はタバコだったのか！　と思い、姉にタバコのストックがあるかと聞いたら8箱持ってきたので、さっそく測定したところ、1箱から1本か2本、同じ菌やウイルスが測定されました。

だいたい⊖30〜⊖50くらいの数字ですが、毎日毎日身体へ入れることと、身体の中へ入いると何百倍にも増えてしまうことで、身体のたまりやすい所へどんどんたまってくると、痛い、かゆい、つらい、とかになってくるようです。

人それぞれ、また、入ってきた霊、菌、ウイルスによっても身体の中、外の障害はさまざまですが、それらを取り除いた暁には、いろんな障害から解放されることは間違いないでしょう！

○○○油の中にまでいた霊

平成19年8月23日、主人が眠れなかったらしく、「眠い」と言って起きてきました。また何かに憑かれたんじゃないの？　と、測定してみると案の定、不眠症でB型肝炎の霊が憑いていました。もしかしたら部屋にもいるかもしれないと思い、調べてみると、やはり、主人のフトンにマイナス70、服にマイナス10、居間のソファにもマイナス50、同じ霊を発見し、浄霊しました。

ところがその日の夜、今度は私が一睡もできず、24日になってしまったのです。主人、そして私も同じ症状なのです。もしかしたらと思い、息子も調べてみると、3人とも同じ霊に憑かれていました。

家中が同じ霊に憑かれているということは、3人が口にしているものと言えば、○○○油じゃないか？　と思い当たり、調べてみると、勘が的中して、原因をつきとめることができました。原因さえわかれば、それをやめて、身体に入れてしまったものを取っていけば、だんだん楽になっていくはずです。

この○○○油、たくさん身体に入れてしまったのか、身体の中で増殖したのか、毎日毎日みんなから出てきて、完全に出なくなるまで約1カ月くらいかかりました。

その間、この霊が身体の表に出てくると、肩がぎゅっとつまってきたり（肋間神経）、字がはっきり見えなかったり（白内障）、眠くなってきたり（脳梗塞）、お通じの時お産以来初めて出血し、びっくりして写真撮って調べると、このしょう油の霊が出血性の痔だったのです。出血したのはその時だけですが、そんなふうに、その霊のいろんな症状がそのまま出てきてしまうのでした。

皆さんも1日も早くこの事実を受けとめ、対処していってほしいと思います。

猫のサスケ膀胱癌で尿が出ず！

わが家に15年もいる猫のサスケが、毎日2、3回は出る排尿がだんだん少なくなり、とうとう3日、4日と排尿の形跡がなく、これは一大事と、私はいつになく念入りにサスケの身体を調べることにしました。

ここ最近、腎臓と膀胱の霊が出てきていたので、よく浄霊していました。しかし、それでも出ないということは、私の気づかない部分で何か異常があるはずと思い、真剣に調べることにしました。いつも毛を抜いて調べていましたが、今度は身体中の細かい部分を写真に撮り調べることにしました。すると耳の中、耳の固いしこりの中、お腹の膀胱のあたりに山ほどマイナスが出たのです。これでは尿が出ないのは仕方ないな、私の怠慢が原因ということがわかりました。

その日、夜12時頃から調べたので午前2時近くまでかかり、すべてを浄霊し、床に就きました。心配で朝5時に目が覚めたので、またもう1度、出てきていたのを浄霊しました。サスケの生命にかかわることなので、寝る間も惜しんで見守りました。すると、その後9時頃排尿の跡がありました。念のため、尿も写真を撮って測定すると、その中には腎臓の霊がマイナス30排出されていました。デトックス液をせっせと飲ませているので血液の中などから排出されてきたのだと思います。

何日かぶりに、やっと尿が出てくれて一息つけた私でした。その後、この事態にサスケの苦しさや私の心配や労力のことを考えると、今後同様なことが起こっても困るので、原因探しをすることにしました。

そして、原因は、サスケが毎日おねだりしてくるほど、サスケの一番大好きなマタタビに入っていたことがわかりました。身近にある災難、1日も早く、この事実が公に理解していただけるようにと、願うばかりです。

ムサシのけんかの相手はうらみの霊

外で猫のけんかの声がしたので急いで外へ出てみると、ムサシが黒っぽい猫と取っ組み合いをしていました。私がそばまでいくとやっと離れて、相手の猫は逃げていきました。ムサシは、いつもはそれで帰ってくるのですが、今回はどうも腹の虫が収まらないようで、逃げていっただろう場所を見にいったので、私も一緒にあとを追いました。しかし、もうその辺には見当たらなく、帰るよううながして家に帰ってくると、先ほどけんかした時の両方の毛が道路に散乱していたので、両猫の毛を拾って持ち帰り、測定をしました。

黒い毛の猫は、うらみ・怒り・感謝・自己中心がマイナス5の霊障が8霊体憑いていました。人間界でも、最近特に人を殺す事件がたくさん起きています。その犯人に憑いている霊も同じ、うらみ・怒り・自己中心・感謝マイナスの人たちです。猫の世界でも同じような霊に憑かれると、けんかを売ってきて傷を負わせるんですね。何しろ怒り波動が強いので、正常な相手はやられてしまい、ムサシも目の上を傷つけられて痛々しい姿です。

１年半前には、けんかの仲裁に入った私も突然飛びつかれてかまれ、すごい傷を負ったことがありました。その時の猫は、サタン猫でした。サタンというコード番号があり、それでマイナス６の、すごくきつい猫でした。普通は人間がいけば逃げていくのが猫なのですが、その時は人間にまで向かってくるほどでした。サタンとはそれほどきつくて、性格のあらゆる面がマイナスで出てきます。私はその時のけんかまで、いつも素手でけんかの仲裁に出かけて行っていましたが、サタン猫にかまれてからは、必ず棒を持って出ていくことにしています。凶暴性のあるのにはそれなりの対策をかねていかなければならないと、その時勉強させられました。

猫の世界は警察もなく、取り締まってもらえないので、飼い主が守ってあげるよりほかないようです。

ヒステリー犬

ある日、朝の早くから鳴きやまない犬の声。昼も夜も何時間でも続く鳴き声！　が近所から聞こえてきました。わが家の猫や私が、サタンやうらみが憑いている猫から被害を受けたこともあり、そのような犬だったらいやだな！　と思い、すぐに写真を撮り測定したのでした。

結果は、ヒステリーとストレスがマイナスの霊障でした。そういえば、ヒステリックな鳴き方をしているわ！　サタン系でなくてよかったと思い、我慢することにしました。

毎日毎日その状態が2週間続き、どこかに連れていかれないだろうか？　と心配になってきていました。犬もたまたまヒステリーの霊に憑かれているだけで、その犬には責任はないのに、あれだけ吠えるのも疲れるし、つらいだろうに、と思うのでした。

そんな矢先、ゴミ捨てに行った時、ちょうどその家のおばあさんと出会ったら、「犬がうるさくて悪いね」と言われたので、私も事情はその家の住人よりすべて把握しているので、浄霊してみようと思いました。

おばあさんに、「この犬はヒステリーの霊が憑いているのが私には見えるし、除去もできるので、今からやってあげる」と言って、そのまま犬にハンドパワーを20分くらいやって帰りました。また口の中にもいるかも、と思い、帰ってからデトックス液入りの水をペットボトルに入れて持っていき、この水を飲ませるように言って帰りました。その日から、えらく静かになってきましたが、その犬のヒステリーの数値が低かったので、その後も2

回ほどハンドパワーをやりました。

最後の日、おばあさんが家の中より出てきたので、「犬、静かになったね」と言ったら、「ありがとう。慣れてきたみたいだし、もういいわ」という言葉が返ってきました。

その後、町内の食事会があり、犬の話が出たら、近所の人は皆困っていたらしく、その中の一人は、ヒステリーになっていた、という話を聞き、「ヒステリーの犬のせいでヒステリーが起きていた」と笑ってしまいました。

また今年正月早々、ＮＨＫのテレビ番組のペットの悲劇の話で、飼い主を傷つけてしまう犬が出てきましたが、その犬には怒りのうらみ霊が憑いていました。またインターネットで子猫をもらっては虐待して捨てている人には、自己中心で、怒り、ストレスがマイナスの霊が憑いていました。動物に憑いていても、人間に憑いていても、犠牲になるのは、弱い動物たちや子供たちです。

１日も早く、この現実を知って、このような悲劇をなくしていってほしいと願うばかりです。

親友のご主人の死で起きた出来事

ある日、親しくしていた友人より電話が入りました。「いつものジェルがあったら欲しい」との内容でしたが、ご主人が入院して付き添っている様子なので、「私が持っていってあげるから」と言って電話を切りました。

親友のご主人も長い間肝臓を患っていて、入退院の繰り返しをしていました。その方との出会いも、私の息子が入院した時の同室の患者さんで、お互いに健康のことを気に掛けている家族同士の出会いでした。

その当時、わが家の猫がノニジュースを飲ましたり塗ったりして元気になったことから、ご主人もノニジュースを愛用するようになり、その後、とても元気になられ、良いものを教えてくれたと、とても感謝してくださいました。その後、磁石ネックレスに出合い、波動測定器で現在までの病気の原因がだんだんと解明できてきたのです。親友のご主人も、もとはと言えば、肝臓が悪くて亡くなった霊にずっと憑かれていたことが、解明できてきました。今回は、特にこのご主人のおかげで、ますますいろいろな疑問が解明できてくることになるのでした。

私は、家の用事を済ませると、頼まれたジェル（痛みが楽になる）を持って病院へ行きました。ご主人は、私も何回も測定していて、霊障なんだから浄霊しないといけないよ、と会うたびにお話ししたり、会場に来られた時は、表に出てきているのはその都度浄霊しておりましたが、奥様の話だと、「霊障に関して、信じることができなくて、積極的でないので困っている」との話は聞いていました。これもあとでわかったことですが、本人の本心が、不信疑惑マイナス５という性格の人だったのでした。

病室へ入ると、私が思っていた以上の状態で、一番強い酸素マスクをしているにもかかわらずハァハァハァと苦しそうな呼吸で、話すこともできず、伝言は紙に書く筆談で行っていました。

私は、多分、肺の御霊さんに憑かれているだろうから、少しでも楽にしてあげたいと思い、持参していった浄霊グッズで周りや身体の浄霊をすることにしました。その時、浄霊前後の髪の毛を切り、また写真などもたくさん撮り、原因を解明するため、浄霊したものも家へ持って帰って測定することにしました。

病院から帰り、家族の夕飯の用意を済ませ、急いで持ち帰ってきた塩の中や吸着板の中を調べていくと、ご主人の肺の苦しさの原因がわかってきました。最初に切った髪の毛でマイナス6000くらいの肺結核・B型C型肝炎の霊障が判明いたしました。

肝臓は何十年前から悪いとは聞いていましたが、なぜ酸素マスクをしなければならないほど息が苦しかったのか、また、奥様より聞いた話では、喀血《かっけつ》もした、と聞いたので、肝臓の病気からは考えられず、不審に思っていた矢先の出来事なので、この事実がわかり、ここで初めて喀血した謎が解けました。

死の寸前の心の変化

持ち帰ったものを測定し、原因もわかり、切った髪の毛の測定結果は、ほとんど浄霊できたけれど、まだ㊀370の霊障が残っていることがわかったので、もう1回浄霊して少しでも楽になってもらおうと思い、再度、病院へ足を運びました。すると奥様は、「ちょうど先ほど息を引き取ったところで、野村さんが浄霊して帰った後、息も楽になり、おかげで最後もそんなに苦しまずに逝《い》けたのでありがたかった」と感謝されました。私も、せっかく原因もわかり、取れば持ち直せる、と思っていただけに、残念で仕方ありませんでした。

このうえは、ご主人の死んだ時点での髪の毛を頂いて、その時の状態を調べたいと思い、波動のことをよく理解してくださっている奥様にご協力いただき、死後の髪の毛を切らせていただきました。そして詳しく調べた結果、肺結核・B型肝炎・C型肝炎、直腸の悪い妄念の霊と4種類もの霊に憑かれていたことがわかりました。

浄霊後㊀370残った霊は通夜には死体から出て、直腸疾患の妄念の霊㊀40とB型肝炎㊀330との霊が、お棺の外に出ているのが、あとで、写した写真で測定できました。それらはすべてご主人に憑いていた霊のお話です。たくさんの霊につかれ、特に肺や肝臓という大切な器官の悪い霊に憑かれ、生死にまでかかわってしまったご主人でした。

こういう事実が解明できた今、とにかく毎日お風呂へ入るのと同様、霊や菌やウイルス等の見えない世界のお掃除が大変大切なことがわかってきました。

浄霊前と浄霊後、そして死後の髪の毛2日分と、4点の髪の毛が私の手元に残りました。親友だったからこそお願いできた、とても貴重な資料です。さっそく調べていくと、大変驚きの、ご主人の心理状態が解けてきました。

それは、一七四～一七五頁の図表を見てくださると一目瞭然だと思いますが、苦しいところは、肺結核・肝臓の悪い霊にたくさん憑かれ、それをたくさん浄霊できた時、ご主人もだいぶ楽になってきたようでしたが、それと同時に、心の中が大変驚きの変化だったのでびっくりしました。

浄霊する前は、死に対する恐怖や心配不安、無気力が最悪の※マイナス10という数字だったのに、浄霊後プラス90にまで上がってきていたのには、本当に驚きました。

私が病室を訪れ、身体中あちこち浄霊した後、本人も楽になったことが自覚できて、期待が持てたのか、心の変化がずいぶんあったようでした。私はその事実を知り、助けてあげられなかったことが、ますます悔やまれてしまった、髪の毛の測定結果でした。

※マイナス10という数字は、常々自分の身の回りやテレビの番組で放映された事件などの中で測定した結果、自殺前の人、死んで倒れている人などの多くが、致命傷となった部分の臓器や心の中がマイナス10という数字で出てきます。

毛髪	浄霊前	浄霊後	死亡時	通夜
死に対する恐怖	−10	+90	+90	+90
心配不安	−10	+90	+90	+90

無気力	－10	＋90	＋90	＋90
不信疑惑	－５	＋90	＋90	＋90
痛み	－２	＋10	＋10	＋10
感謝	＋90	＋90	＋90	＋90
自己中心	＋90	＋90	＋90	＋90

肺	－５	－３	－３	－３
心臓	＋８	＋８	－10	－10
肝臓	－５	－５	－５	－５
頭全体	＋12	＋12	＋12	＋12

※死後の髪の毛には、亡くなった時の身体や心の状態がそのままインプットされている。

第4章　96歳で大往生の母

アルツハイマーと膀胱炎の霊に憑かれた母

96歳で亡くなった母は、亡くなる1年ほど前までは、年齢のわりには目も耳も足も頭も異常なく、ご飯も普通に食べ、何の問題もありませんでした。ずっと一人暮らしをしていて、近くに嫁に行った姉が、いろいろ面倒をみてくれていたので、母も93歳くらいまでは何とか一人暮らしを続けることができましたが、これ以上は、姉にも負担がかかってくるし、一人でいると何事が起こるかわからないので、いやがって老人ホームにいこうとしない母を説き伏せて、入所させました。

時々いやがってホームを脱走しようとした母でしたが、ようやくホームにも慣れてきた平成18年6月のこと、ひどい咳があり、その後ボケが始まり、小用をゴミ箱や乳母車の中でしたり、同じことばかり言ったり、訳のわからないことを言うようになった、との連絡が姉からありました。私は、その後さっそく老人ホームを訪ねると、同じことばかり何回も言うし、トイレに行っても周りにおもらししてびしょびしょに濡れていました。いわゆる世間で言うアルツハイマーになっていたのです。ほんのこの間まで、耳よし目よし病気なしで、母に「感謝せんといかんよ」と言っていた私ですが、急変してしまったのです。

そして今回、私が行ってわかったことは、霊障だという事実でした。その後浄霊しながら解明できたことは、気管支の悪い霊とアルツハイマーと膀胱炎の霊が母に憑いているという事実でした。気管支が悪いのは、以前から母はご飯時、よくのどをつまらせていました。そんな時私は、年を取ってきてのどがだんだん弱ってきているせいで仕方ないことだ、とずっと思ってきました。

しかしあらゆることが解明できるようになった現在、これも気管支の悪い霊に憑かれていたという事実がわかりました。またアルツハイマーの方も、最近同じ老人ホームで、ただ一人仲良くしていた、遠い親戚筋にあたる人が、母と同じアルツハイマーにかかっていて、母は私に、その人のところへ遊びにいくと、昔の同じことばっかり何度も言ったり、訳のわからないことばかり言っていて話が通じない、と愚痴をこぼしていました。その後その方が亡くなり、母が全く同じような状態になってしまったことを知り、私は、ボケ方といい、時期といい、場所といい、仲良くしていたことといい、もしかしたらその方に憑いていた霊が母のところへ来たように感じられて仕方ありませんでした。

今回、福井にいる間にできるだけのことをして帰ることにしましたが、波動機は使えない！　母の霊障をまめに取ってくれる人もいない！　これでは、全部根治するのは難しいと思いました。一番よい方法は、母をわが家へ連れてきて、完璧に取ってあげることだと思いました。私は1カ月くらい面倒をみようと思っていたので、主人と息子に、最後の親孝行させてほしい、とお願いしました。そして、お盆に田舎へ行った時、帰りに連れてくる、という話になりました。

母がわが家へ来た日は、帰省ラッシュで、着いたのが夜中の12時を回っていました。その晩、風呂に入って、私と一緒に下の部屋で寝ることにしました。その晩、トイレに行くこと1時間おき。「トイレの場所がわからない」と言って、私が一緒に連れていく。紙で拭いても、その紙をどこへ捨ててよいのかもわからず、そのたびごとに「どこ捨てるの？」

と聞く。そのまま下に捨てればよいと、何度教えても、同じことを聞いてくるのです。

そんな母に、夜中じゅう付き合わされて、次の日は「ねんねはどうしたの？」と聞く。ねんねとは、私の31歳になる息子のことを言うのです。「あんさんは、どうしたの？」と聞いてきます。あんさんとは私の主人のことです。「今日はお盆で休みだから、みんな遊びに行っているんだよ」と言っても、30分おきに同じことを聞いてくるのです。

私は、測定はしなくてはいけないし、トイレには1時間ごとに付き合わなくてはいけないし、そのうち食事の仕度、霊障取ったり、お守りをしての大忙しの1日でした。

母を老人ホームから連れてくる時、おむつパンツの中に少し出血がありましたが、老人ホームでは、医者や看護師さんがついており、まめに検査はしてくださっていたようでした。連れてくる時も血液を採取していて、「以前の検査では癌の心配はなかったです」と言われました。

悪性腫瘍（癌）マイナス10

そんなふうに聞いて連れてきた母ですが、私の波動測定では、何回やり直しても、悪性腫瘍（癌）マイナス10と出るのです。母のオムツパンツの出血は、軽い子宮筋腫と出た測定結果でしたが、問題は悪性腫瘍です。母の陰部に、ニワトリの卵大の大きなシコリがあって、そこを押すと痛いと言うので、写真を撮って詳しく調べてみましたが、やはり悪性腫瘍マイナス10という測定結果なのです。

血液検査では癌と出なくても、波動測定でははっきり癌マイナス10と出るのです。主人が帰ってきてから、その旨打ち明けると、もし本当に癌だったら、このまま家へ置いておいても心配だし、とにかく明日、病院へ連れていってみよう、ということになりました。

次の日、母を病院へ連れていき、CT検査をしたら、「ものすごい大きい癌だから、すぐ手術したほうがよい」と言われました。ただの腫瘍なら岡崎の病院で手術してもよいと思いましたが、悪性腫瘍となると、兄弟も福井の方に4人いるし、そちらでやった方がよいだろう、とのことで、次の日、福井へ連れて帰ることにしました。

そんな目まぐるしい3日間で、母のアルツハイマーと膀胱炎の霊障をほとんど取り除けたらしく、帰る日には、トイレの場所もわかり、自分で用を足し、紙も一緒に流せるようになっていました。そして、ボケていると自分の誕生日も言えませんが、アルツハイマーの霊がいなくなると、「誕生日はいつだった?」と聞くと、私も知らなかった母の誕生日、明治44年2月17日と教えてくれるのです。私はそれを母のボケの目安にしています。

また、トイレも、岡崎から福井まで3時間以上かかったにもかかわらず、高速のサービスエリアでも「トイレ行きたくない」と言って、とうとう福井まで1回も行かずにすみました。

福井へ着いて、連絡してあった兄弟が集まって、皆で今後のことを話し合っていました。その間、そばで口をはさむこともなく静かに聞いていた母が、突然、昔よく言っていた同じ口調で、「な、兄チャ《アン》、幸ちゃん（姉）が言ったこと、よくわかったやろ。兄貴はそういうこと、ちゃんとしてくれないといかんのや」と兄に説教するので、皆で顔を見合わせて、「ボケておらんね。正気やね」と言って皆で大笑いしました。

母はその後、兄の家から福井日赤へ行って検査をすると、膣癌の末期で手術できない、放射線もできない、とのことでした。膣癌は神経が少ないところなので痛みも少ないらしく、まだ痛みがきてないので、痛くなったら痛み止めを打ってもらって、今後の余生は、ただ痛みだけは取り除いてあげる、それが兄弟5人の結論になり、また今までの老人ホームで過ごすことになりました。

半年後、脳梗塞の霊で意識不明に

半年後、兄から「母が突然意識がなくなり入院した」との電話がありました。「意識がないので何もすることもないし、病院に任せておくよりほかないので、自分たちも今から帰るし、こっちに来てもどうしようもないから来なくてもいいよ。何か異変が起きれば、また連絡するから」との電話でした。

多分霊障には違いないだろうけど、兄の言葉もあり、様子を見ることにしました。その後、意識は戻らずで、1週間後の日曜日、母の様子を見に、福井の病院へ向かいました。病院に直行し、持っていった塩や吸着板で何回も浄霊し、写真や髪の毛など取って姉の家へ行き、測定しました。すると、全部でマイナス1550の浄霊ができていました。内容は、前からいた気管支とアルツハイマーの残っていた霊と、新しく一挙に入ってきて意識までなくしてしまった脳梗塞で肝臓癌の霊でした。

浄霊後の最後の髪の毛を測定してみると、残りあと㊀30のみになっていました。その日の夕方、もう一人の姉から電話があり、今日母の所へ行って話しかけたら涙を流してきて、意識があるようなので、私が帰る時、また母の所へ寄って帰るように、との電話でした。

次の日の帰り、姪と二人で母の所へ行き、残りの霊を取って、母に、「お母さん、文子やけどわかる?」と聞くと、「わかる、わかる…」と答えてくれたので、姪と二人でびっくりして顔を見合わせてしまいました。

霊障が取れたので意識が戻った母。しかし老齢のことで、栄養は入れずに自然死で、ということだったので、もう１週間も何も食べていない母。もうろうとした中で、それだけ言ってくれました。私は何も言うことはなく、「お母さん、長いこと頑張ってきたね。もういいから、楽になってね!」と、そんな言葉しか見つかりませんでした。

それから49日後の朝、兄から、母が息を引き取った、との電話がありました。入院中は、姉に、見舞に行った時は霊障を取ることと、母の毛を切って残しておいてくれるように、お願いしてありました。そのおかげで、母の一生の霊障の経過と、膣癌の進行具合など、また、死の１日前の波動と、死亡してからの波動と、お骨になってからの波動が、肺と心臓のほかはすべて同じ波動で残ること等、いろいろと貴重な資料が残りました。

その一部始終を表にまとめてみましたので、参考にしてください。

96歳母の大往生

	霊障 平成年月日	気管支 7.11	気管支 15.8	気管支 16.8	アルツハイマー 膀胱炎 18.10.20	脳梗塞 肝臓癌 19.2.24	脳梗塞 肝臓癌 19.4.4	脳梗塞 肝臓癌 19.4.10	霊障⊕ 19.4.13	死亡 19.4.14	骨 19.4.15
自分	免疫	⊕5	⊕5	⊕5	⊕4	⊕5	⊕5	⊖1	⊖3	⊖3	⊖3
自分	肺					⊕6	⊕5	⊕4	⊕2	⊖3	⊖3
自分	心臓					⊕10	⊕4	⊕4	⊕1	⊖3	⊖3
自分	膣	⊕4	⊖2	⊖4	⊖10	⊖10	⊖10	⊖10	⊖10	⊖10	⊖10
自分	膣癌	⊕20	⊕11	⊖0	⊖10	⊖10	⊖10	⊖10	⊖10	⊖10	⊖10
自分	痛み	⊕20	⊕20	⊕20	⊕5	⊕5	⊕5	⊕5	⊕5	⊕7	⊕7
H7年より	気管支	⊖3	⊖3	⊖3	⊖3	⊕3	⊕4	⊕4	⊕4	⊕4	⊕4
H18年より	アルツハイマー	⊕20	⊕20	⊕20	⊖5	⊕3	⊕3	⊕3	⊕3	⊕3	⊕3
	膀胱炎	⊕20	⊕20	⊕20	⊖4	⊕13	⊕13	⊕13	⊕13	⊕13	⊕13
H19年より	肝臓癌				⊕20	⊖4	⊖4	⊖4	⊕20	⊕20	⊕20
	脳梗塞				⊕12	⊖6	⊖6	⊖6	⊕12	⊕12	⊕12

免疫～痛みまでは自分、気管支の霊、アルツハイマーで膀胱炎の霊、次に肝臓癌で脳梗塞の霊が来る

第5章　霊・菌・ウイルスの災いを命を懸けて実証してくれた主人

寝ていてもたえず起きているケイレン

平成17年8月にたま出版から「波動で見抜く人生の真実」を出版した頃より、主人にはものすごい量のマイナス波動の霊が、入れ替わり立ち替わり、これでもかこれでもかと押し寄せてきました。

私は例のごとく、毎日毎日浄霊し、調べ、忙しい毎日を過ごす日々でした。浄霊すればほとんどの人がその場で楽になり、感動を味わって喜んでくれるのですが、主人の場合は、落ち着くには落ち着くのですが、しんからすっきりしたというのはなかった様子でした。

皆さんに結果を出してきた私には不信感がつのるばかりでした。しかし、何とか元気になってもらわなければいけない、と思い、暇を見つけて詳しく調べることにしました。

そこで気がついたのが、寝ていても、片方の足をピンピンと蹴るケイレンが起きていて、数えると1分間に4回くらいピンピンやっている。また、時々足が上に大きく上がるほどのケイレンが、時々襲ってくる。このすごいケイレンは浄霊するとその場で収まるのですが、寝ている間中起こっている小刻《こきざ》みのケイレンはずっと続いていました。

その原因も後々には解明できてくるのですが、その時点での私の力量では、そこまで解明できませんでした。

幽門癌との検査結果

しんからすっきりしなかった主人は、病院にも出向き、何回もCTや胃カメラを撮っていたのですが、原因がなかなかつかめず、胃潰瘍を治す点滴を打ちながら様子を見ましょうと、検査と点滴の明け暮れで、一向に回復の兆しが見られませんでした。

このような状態で、食事も禁止状態が続いていて、いつまでもこのようなことを続けていてもどんどん悪くなっているみたいだし、1日も早く悪いところを取り除いてくださるようお願いしたのでした。

ちょうどその頃、担当医の転勤の時期でもあり、新しい担当医に替わった時、急いで手術のことを再度お願いしました。再度、その先生の胃カメラの検査になり、今までは幽門が狭いとかで奥の方にカメラが入らないということでしたが、今回の担当医は、手術するからにはすべて把握しておきたい、ということで幽門の奥までカメラを入れてくれたそうで、その結果、幽門癌が見つかったということでした。

床下に２メートルのヘビの死体！

そんなある日、わが家の床下に配置してある３機の乾燥機の１台からものすごい騒音が出たので、あわててスイッチを切り、そのメーカーの人に来ていただき調べてもらったところ、驚くことが判明いたしました。その機械の前に２メートルくらいの大きなヘビが死んでいる、との情報でした。そこで私は、もしかしたら機械の故障もそれが原因では？と思い、すぐその近くを写真に撮り、また息子にそのヘビを床下から出してもらい、写真を撮り波動測定してみました。

すると、どうでしょう！　死んでいたヘビは、現在、主人が苦しんでいるのと同じ幽門の癌・水腫・ケイレン・栄養失調で死んだ雌のヘビで、主人の身体の状態と同じでした。主人に憑いていて、毎日毎日浄霊していたのもこのヘビでした。そのことがわかり、床下や家の中をいたるところ写真に撮ってみると、あらゆるところ、特に私たちの生活の場である居間、玄関、トイレ、洗面所、寝室といったところや、床下に、そのヘビの霊が山ほどいました。

わが家の床下は網の戸が付いており、床下へはヘビやねずみが入れないようになっています。それなのに、そのような大きなヘビが、いつどこから入ったのか、謎です。そして、何らかの理由で中へ入ってしまったヘビは、そこから出ることができなくなってしまい、餌もなく苦しんで餓死してしまったのです。

そんなことから原因がわかり、こちらをすべて浄霊できればと一安心の私でした。

今までに原因が存在した事実は、型となって残る

私の体験の足に来た骨折の霊のところで書きましたが、頼りにしていた霊能者の期待もむなしく、しかしながら原因が解明できてきた主人の病気でしたが、その原因となっていたヘビの霊を、主人の身体から、また家の中、床の下と取り続けたのですが、一向に改善

の兆しが見えてこない主人でした。

その頃少しずつわかってきたことは、原因となるものを取り除いても、今までにその原因が存在したという事実は、その霊の病状が、憑かれた本人に型となってしまった、ということなのです。

つまり、癌の霊に長年憑かれてしまったら、徐々に癌になってくる。わかりやすい例で言えば、肥満の霊にずっと憑かれていると、肥満の霊を取り除いたところで、今までついてしまった脂肪はその場で消えるわけではない、という事実です。主人の場合も、幽門の悪い霊を外から一生懸命浄霊していましたが、私の未熟さ故、身体の中の方を取れなかったことと、原因解明が遅れてしまったことが、主人の改善につながらなかったのではないか、と思われます。

それともう一つ重大な原因がありました。やけどの霊に憑かれた時（前作に掲載）いなかったのに、ほんの１、２年でこれだけ早く進行してしまう癌の霊に憑かれてしまったことでした。

9時間にも及ぶ大手術

新しい担当医のおかげで幽門癌も見つかり、いよいよ待望の手術の日も平成18年4月6日と決まりました。その日に向けて検査していく中、主人の癌は進行性で、お亡くなりになったアナウンサーの逸見（政孝）さんと同じ、スキルス性癌の末期で3カ月の命、手術がうまく成功して抗癌剤を服用しながらいくけれど、抗癌剤は気休めで、癌をやっつけることはできないだろうから、「長くても半年の命でしょう！」と、別室に呼ばれて言われました。主人には内緒にして、息子と娘にだけそのことを打ち明けました。しかし私は、霊障さえ取っていけば大丈夫、と思っていましたので、一般の皆さんより動揺はありませんでした。

癌はすい臓にまで浸潤しており、すい臓も少し切って縫い合わせたということで、9時間にも及ぶ大手術でした。お医者様の的確な診断と手術のおかげで、お医者様や周りの人が驚くほどめきめきと元気になり、1カ月もする頃には、私よりたくさん食べるのでは？と思うくらい食べ、元気になってしまいました。

今回のことで学んだことは、大本の原因が早くわかり、取り除けていたら、これだけの困難に至らずにすんだのでしょう。しかしながら、現在の世の中、まだまだ未解決の分野、癌の原因さえわからず、どんどん来る因念霊により、手術してもまた再発することになり、主人のように進行性だったら、本当に3カ月の命だったに違いなかったことでしょう。私たちは、たまたまこういう分野の研究・解明がこの体験を通しながらもできてきたので、大事には至らず、人一倍元気に、遊びに仕事に励んでくれている主人です。

結論は、やはり原因を取り除くこと！　また今回は、霊障と霊障によって蝕まれたところを取り除くことがいかに大切かを、身を持って教えていただけた貴重な体験でした。

うつで結腸癌・幽門癌・クローン病の3霊が大暴れ

幽門癌の手術から2年、痛い、つらい、動けないなど、何だかんだいろいろありましたが、その都度、浄霊等で、1、2日で元気になりました。しかし今回は、いつものように簡単には済まされませんでした。

それは、平成20年5月20日のこと、私が豊橋会場から帰ってくると、主人がソファで寝ていました。「ただいま」と言っても返事もなく、いつもなら話をする主人でしたが、顔つきもいつもの主人とは違っていました。息子とけんかでもしたのか？　と思い、その晩は私も寝てしまいました。

ところが次の日もブスッとして一言も話さずで、息子に「お父さん、様子が変だけど何かあったの？」と聞くと、昨日から応接間でずっと寝ていたと言うので、私は主人の髪を切り測定しました。すると、うつの霊が憑いていました。なるほどそうだったのかと納得し、うつの霊を90霊体ほど浄霊しました。次の日になると、腹が張り、便が出ない、と言うので詳しく測定すると、昨日浄霊したうつの霊が、小腸、大腸が悪い、結腸癌のうらみの霊でした。その後、便を出すのにコーヒー浣腸などもやり、ようやく便が出るようになりましたが、その後もうつの霊が毎日たくさん出てきました。

6月10日より急に体調不良が起きてきたと思ったら、2年前に手術になってしまった幽門癌のヘビが同時に浄霊できてきました。これはもしかしたら、と思ってヘビが死んでいた床の下の通気孔を写真に撮ってみると、やはりマイナス1万くらいの幽門癌のヘビがいました。その他にも門や窓や部屋、あらゆる所にいっぱいでした。それらを、最近できるようになったハンドパワー等で浄霊し、何とかおさまりました。

6月18日のこと、今度は腹が痛いと言い出し、腹がぷっくり腫れてきて、水が溜まっているようで、霊が動くとそこがもり上がったり、ピチャピチャ、パチャパチャ、グチグチ、いろんな音がにぎやかにしてくるのでした。そんな時、写真を撮ると、そこには必ず霊の実在がありました。うつの霊と幽門癌の2種の霊でした。

その後、腰が痛いと言いだした頃、直腸の悪い、便秘と下痢を繰り返すクローン病の霊が増え、3種類の霊が来て最悪の状態になってきました。便が出なかったり、下痢が続いたり、食べ物が下へいかなくて吐いたり、食事も2、3日取れない日もあったりでした。

そして腹の中で3霊が暴れまくり、ピチャピチャとにぎやかな音とともに固くなってもり上がり、グーグーとしめつけが起きてくるのです。私たちがよく足など、こむら返り、と言っているのが、腹の中で何回も何回も起きてくるのです。私もこむら返りが起きた時、塩などで浄霊すると、自分の持病の霊が何霊体も中に入っていました。そんな大暴れが続いたためか、霊障で弱っていた肝臓が一気に悪くなり、㊉4から㊀3になり、水が溜まってきたのでした。

最悪の状態になってきました。腹水が出てくるともう長くない、と昔から聞いている言葉です。

おびき出し作戦、3霊の出所判明

病院へ行っても、原因不明で癌の再発だと思われてしまうのが当然のこと、その前に一度、おびき出しをやってみようと思いました。

身体の中に入ってしまったほかに、外にいれば外から入ってくるのも防ぐため、家の中、外、工場などでおびき出し作戦を行いました。それは、皿に卵、かつお節、肉を入れてあちこち置いておくのです。時間が過ぎてから写真に撮り、何がどれだけ、どれに憑いていたか調べます。すると床の下の幽門癌のヘビは、何度置いても卵に憑いているし、うつで結腸癌の霊は猫なので、いつでもかつお節に憑いています。クローン病の人は悲しみの霊でお肉に憑いていました。

1週間それをやったところ、外にいたそれぞれの霊が、5千くらいずつ浄霊できました。また、現在主人が苦しんでいる3霊の出所がわかってきました。幽門癌のヘビは、床の下に死んでいたヘビの霊と解明できていましたが、うつで悲しみの霊はどこから来たのか、心当たりがありませんでした。

ところが、うつの霊が出てきて20日くらいあとのこと、私は例のごとくアチコチ写真撮って、飯台の上にあったジュースがカメラに写った時のことです。その中のジュースがマイナスになるので、どんどん追究していったところ、うつの霊がジュースに憑いていたのです。そう言えばこのジュース、１年も前から主人がよく飲んでいるジュースでした。また、もう１種類の直腸の悪いクローン病もどこから来たのか原因不明でした。ところが、私が主人の机の中で探しものをしていたら、私に内緒で飲んでいた胃腸薬が出てきたので、何げなく測定してみたらびっくり仰天！　３袋残っていた中の２袋に、直腸癌でクローン病の霊が㊀30ずつ入っていたのでした。

これで、現在苦しんでいる霊の出所がすべて判明できたのでした。

ホスピスか人工肛門か二者択一

床の下のヘビから来た幽門癌、うつで結腸癌、クローン病で直腸癌、これだけの最悪の条件がそろってしまった主人の身体です。その当時、私は毛や写真測定で出たものをすべて浄霊できたのですが、地球２周分と言われている血液の中、腫瘍の中までは浄霊できず、主人もしんから楽にはなれないようでした。

そこで、再び病院を訪れると、思ったとおり、癌の再発だから手術もできない、と拒否され、ただ少しでも食事をとれるように、人工肛門にする手術を行うか、ホスピスを紹介してくれるか、の二者択一しかありませんでした。どちらもいやでしたが、人工肛門は治れば元に戻せるということがわかり、人工肛門の手術をお願いしました。

命の恩人の先生と病院との出会い

人工肛門になり、先生の言われるように食事がとれるようになりました。先生の話では、癌がなくなり、人工肛門がとれることはまずありえないことなので、一応退院しても、体調が悪くなったらすぐ病院へ来てください。その時は、延命のための呼吸器はつけずに、痛み止めなどの本人の苦しみをとる処置をすることをカルテに書き、退院しました。今度病院の門をくぐる時は、天国にいくのに苦しみをとっていただくためでした。

今までにたくさんの霊たちが来て悪性腫瘍になってしまったところの手術をお願いしましたが、癌の再発だからそれを取り除くことはできず、人工肛門の選択しかできませんでしたが、本当は出来てしまった腫瘍を取り除いてほしかった、私の胸いっぱいの気持ちでした。

退院してから友達と話していたら、○○病院は人工肛門でも元に戻してくれるよ、と教えてくださったので、そこだったらよいかもしれない、と思い、腰が上がらない主人を説き伏せ、１カ月後の平成20年９月26日、その病院を訪ねました。

私は毎日主人の身体を写真撮りし、腫瘍がある場所も２カ所わかっていたので、先生にも写真など見ていただき、お話しさせていただきました。ＣＴでもその場所に腫瘍があるので、それを手術して取り除いてくださることになり、万が一開いてみて無理だったら、そのままにしてバイパスを作ってつなぐ、という話で手術に臨みました。

他の病院では絶対にできない手術も、この病院ではそこまでの技術がある先生がおられるという、愛知県でも最優良病院とのご縁をいただくことができ、手術も希望どおり全摘してくださり、大成功でした。腫瘍は、前の病院でマイナス５でしたが、手術の時には最悪のマイナス10になっていました。私流に言えば死んでも当然の数字でした。先生も、主人から死臭がしていたと後々のお話でした。本当にありがたい先生、病院に出合い、命拾いさせていただいた主人でした。

あと、マイナス２くらいの腫瘍がありますが、それは、今後プラスに変える努力をしていけばよい、と思っていました。

ぞうさん足になってしまう

良い先生、病院に出会い、手術も成功し、退院の日を迎える運びとなりました。入院中は私も毎日病室を訪れ、主人の浄霊、お浄めをしていましたが、退院間近になってきた頃、主人の足が膨らみ始めてきました。

しかしながら、先生にお話しすると退院が長びいてしまうので、足のことは言わずに退院することにしました。足の膨らみは太ももから下だったので、ひざも曲がらず、杖なしでは歩けない状態になってきていましたが、退院後も、病院から出していただいている抗癌剤、他にはデトックス液など飲み、時間のある限りお浄めもやっていました。すると、膨らみも徐々に下の方へ下がってきて、毎日また下がってきたね、と見るのが楽しみでした。

しかし、下の方までくると、そこから先が一向に膨らみがとれてこないので、原因を徹底的に調べてみようと思い、波動機に向かいマイナスを探しました。すると、腎臓も膀胱も異常なく、Na毒がマイナスと出ました。そういえば納得できることは、主人は、人の何倍もしょう油を使うし、食べるのも塩辛いものばかり、それもびっくりするほど多く食べるので、注意はしていたのですが、馬の耳に念仏の主人でした。自業自得と言いたいのは山々ですが、そんなわけにはいかず、どうしたら改善できるか、必死で波動機に向かっていました。

現在まで代謝・浮腫・水腫が、マイナス10の時から徐々に上がってきて、プラス６まで順調よく改善してきたのに、そこからなかなか変化がなく、何が邪魔しているのか見るため、その時飲んでいるものを測定してみると、デトックス液もアガリスクも代謝に対してプラス90もあるのに、一つだけがプラス６しかなかったのでした。そしたら身体もそのとおりになって、プラス６で止まって、上がっていかないのです。

よくほかの人の飲んでいるのを測定してわかってはいましたが、口に入れるものの怖さを改めて知りました。今回は、このぞうさん足を早く治さなくてはいけないので、代謝の低いのを飲むのを止めて足を治すことに専念しました。すると、その後どんどん良くなり、元のスマートな足になりました。その時の経過の写真があり、皆さんに見ていただくと短期間での、あまりのすごい変化に一様に驚かれます。

測定なしのタバコを吸って

主人の体調もますます快調、食事も一人前以上に食べられ、波動測定でもすべてプラスになり、手術した時残っていた㊀2だった悪性腫瘍も㊉20〜㊉30にまでなり、病院の先生に人工肛門を除去してもらうようお願いしようとしていた矢先のことです。以前、最悪だった時、お腹の中が音とともにもっこりふくれ上がり、そこに万単位の霊等が憑いていたものでした。それを毎日取り除くのに、どれだけ苦しんだり、苦労したことか！　それなのに、またそれらしき症状が起こってきたのです。それと同時に食欲が進まず、吐き気などが起こってきたのでした。

今回は前にいた霊とは違い、C型ウイルス、レオウイルス、胞子菌、胃癌と違う種類のが何万と除去できてくるのでした。取っても、取っても出てくるし、なぜなのか原因がつかめず、必死で除去に明け暮れていました。

そんな時、最近タバコの検査依頼がないことに気づき、主人にその旨を告げると、さっそく1カートン買ってきたので、それを測定し、びっくりしたのでした。ここのところずっと主人の身体から出てきているのが、その1カートンの中に全部入っていたのでした。

結局のところ、主人は以前に1カートン買ってきて、測定なしに吸っていたことがわかり、主人に聞くと白状してきました。量が多いので測定依頼を言いそびれてしまったようでした。

昔の1カートンには、測定しても鼻炎の霊が入っていただけだったので、主人も事の重大さをわかっていなかったと思います。そんな私も、こんなにたくさんの悪いものが入っているとは、この時の測定で初めて知りました。そんなことで、一生懸命除去しても除去してもまた入れるで、〝賽《さい》の河原〟だったわけです。

今回の測定で出てきたのは、第7胸椎の胃癌の霊、C型ウイルス、アデノウイルス、オードアン胞子菌、レオウイルス、イヌ小胞子菌、風邪、感冒と、あらゆる種類の悪因が入っていました。

それらが、浄霊の度に1要因だけでも何万もの数が出てきて、その1要因が終わったかなと思うと、また次の要因と、その出所もわからず、きりがないほど出てきていました。本人もつらかったと思いますが、私も毎日毎日それらの除去に大変でした。原因がわかり、腹の立つことこの上なく、もう捨て置きたいと思うくらい、怒りがいっぱいでした。

いかの○○○に入っていた悪性腫瘍の霊

平成21年5月16日。

いろいろあっても浄霊で元気になってきた主人も、土曜や日曜になると趣味のパチンコや競馬に出掛け、朝私が起きる前に出掛け、15時間くらい外で過ごせるほどになってきていました。買い物にも行き、自分が食べたいものを買ってきていました。その中でいかの○○○があり、私の測定結果もそこそこに食べ始めてしまいました。

次の日、「お腹が痛い」と言うので、まずお腹を写真撮りをすると、偶然にも腫瘍※が写ってしまいました。詳しく測定すると、直腸が悪性腫瘍のネコの霊障でした。最近でははめずらしい悪性腫瘍の霊、どこから来たんだろう？　と気になり、昨日、測定もそこそこのいかの○○○をみると、勘が当たって同じ霊障がマイナス40入っていました。私もいっぱい食べたのですが、運悪く主人が食べた少量の中に入っていたようでした。その夜、主人の背中からマイナス１０２００くらいと、主人のベッド横のマイナス１万弱で、いかの○○○の霊障は１日で一件落着となりました。たったマイナス40くらいで２万もの数量に増えていました。

今回のように、今食べたもの、今来た風邪、今来た霊障と、早くに上手に体外に出てくれれば持病にもならず、また身体の奥底や血液の中にも混入しないのでしょう！

※霊が存在していた場所に、その霊の波動と同じ悪性腫瘍が型に現れ、偶然映写ってしまった霊写真でした。

次々と襲ってくるタバコの害

次から次へと問題が起きてくる主人ですが、隠れて吸ったタバコの害が一件落着かと思っていた矢先、まだ奥にひそんでいたのか、タバコの中にいた胞子菌やウイルスが次から次へと、終わりがないくらい出てくるのでした。よくこれだけ身体に入っているね、と初めての経験で途方に暮れていました。

取るしかないと、毎日浄霊の明け暮れで、最後に出てきたのが、肺・靭帯《じんたい》・気力がマイナスのうらみ霊が出始め、この霊と本人が同調してしまうので、筋力・気力がなくなり、食事も食べたくないと言い出しました。この霊がすごい数で、4日間にわたり11万もの霊体を浄霊したのです。食事も摂れなくなってきたので、あとの2日間は2時間おきに浄霊しました。食事が摂れなくなって本人が点滴入院を決めていた日、その霊も2時間おきの強硬手段がきいたのか、すっかり影をひそめ、出てこなくなりました。

先回も悪性腫瘍をきれいに取り除いていただいた病院でしたが、入院用紙に家族の要望との欄があるのを見つけ、主人は反対しましたが、私の一存で、看護師さんに私はハンドパワーができるので点滴をハンドパワーさせてほしい旨を伝えたところ、快く受けてくださいました。感謝あるのみでした。

悪いものもほとんど出つくした感じの主人でしたので、あとは点滴をしていただき、食べられるようになれば回復してくれるはずです。また今回は、㊉90の点滴が㊉1万の高パワーになっているのが直接血液の中へ入ってくれるので期待もできます。そして期待どおり、めきめき回復してくれて、食事も摂れるようになってきて一安心の入院状況でした。

神経疾患の妄想・うらみ霊

6月15日（月）

入院し、回復の兆しも見えてきた主人に安堵した私たち家族でした。土・日と用事があった私は、代わりに娘が主人の見舞いに来てくれていました。翌日の6月15日（月）、入院6日目、主治医の先生に呼ばれてお話を聞くと白血球が急に800に減少し、危ない！

この状態だと、今晩亡くなってもおかしくないし、もったとしても今週いっぱいということも考えられるので、会わせたい人がいたら会わせるように、今まで何回も危機を乗り越えてきたけれど、今回は退院できないかもしれない！　検査も真面目に来てくださってよいご主人だったのに……。また、原因は、癌が脊髄に転移した可能性が考えられ、もう回復できることはないので、万が一呼吸が停止していたとしても蘇生のための人工呼吸などはせず、痛ければ痛み止めとかの処置を行って、本人が苦しまないような方法でやります、ということを伝えていただきました。

その話を聞き、すぐ主人の髪の毛と浄霊したものを持って家へ帰り、測定してみると、びっくり！　今まで1度もお目にかかったことのない、神経疾患の妄想・恐怖・タバコ中毒がマイナスの、うらみ霊でした。先生がお話ししてくださった白血球のコード番号がなかったので、骨の病気で見たら、マイナスと出ました。これですべての原因のつじつまがあい、解明できてきました。

そして、その日は、昼、夜、夜明けと3回も病院へ足を運ぶこととなりました。今回、主人に憑いた霊は、私のこともわからず「あなた誰？　文子はどうした？」と聞いてくるので、「ここにいるじゃん」と自分を指差しても、「うそつけ」と怒鳴ってくる。また恐怖の妄想が激しく、「水が押し寄せてきた」とか「天井が落ちてくる」「火が燃えている」「煙が出てる」とか、1点指差し、悲鳴を上げるのです。天井の電気が全部カメラに見えて目を見開いてにらめつけているので、看護師さんたちが来た時、電気を1個1個つけてもらい、「ホラ電気だよね」と同意を求めると、「みんなして、ぐるになってだまそうとする、もういい！」と怒り満々、うらみ霊なので、誰に対しても怒っていました。

そんな状態で目はギンギン見開き、昼も夜も一時も目を閉じることができず、昨日まで24時間寝ていた主人は、反対に24時間眠れない正反対の状態になっていました。そして自分の力では何もできないのに、時々ベッドから降りようとして言うことを聞かず、面倒見切れない病院から電話があり、付き添ってくれるようにとの依頼がありました。

6月16日（火）

私は昨日も3回も病院に足を運び、主人がどういう霊に憑かれてそういう状態になっているのかも理解していました。夜中、睡眠薬を点滴に入れてもらっても眠らなかった主人に付き添い、夜明けに帰宅し、睡眠も取れていませんでしたが、朝電話を受け、すぐさままた病院へ向かいました。主人は、相変わらず私のこともわからず、恐怖心と独り言で目をカッと見開いていました。私は、いつものように一生懸命、浄霊していました。主人がこのような精神疾患のまま亡くなってもかわいそうだと思い、涙がこみあげてくるのでした。

この事実は誰にもわからないし治すことができない。私にしかできない、どうなるのかわからないけれども、やれるだけやってみよう！　と思いました。

６月17日（水）

娘も岐阜から駆けつけてくれて、私と交替してくれました。２、３日前に、主人の見舞いに来てくれた娘は、あまりの変わりようにびっくり仰天！「透明人間がいる」とか言うので「いないから安心して」と言うと、「お前には見えんのか、よく見ろ！」とか、「鉄砲の玉が飛んでくるから」と言って娘にもフトンを着せてかばってくれたり、さらには「髪の毛がいっぱいからみついている」と言って一生懸命取ったりと、一時も休まず話し続け、眠ろうとしない。「お母さん、言ったことに逆らわず、そうだね、と相づちを打って安心させなあかんよ」と私に説教するのでした。

病院で、白血球の数が少なく感染リスクを少なくするため、６月14日（日）より個室も提供してくださっていたので、娘と交替し、夜私が泊まり込みました。相変わらず、一睡もせず、看護師さんに睡眠剤を入れていただいたのですが、一向にききめがなく、夜中にはタバコを要求して「病院だから駄目なのよ」と言っても、タバコ中毒のうらみ霊には一向にききめなく、脅してくる有り様で、一服吸わせました。そんなふうで、私も一睡もできず、夜が明けてきました。

昨日、測定で両目にたくさんいるうらみ・妄想霊を見つけ、浄霊したせいか、朝方静かになってきて、目をつぶれるようになって2時間ほど寝て、8時の朝食も7分ほどしっかり食べ、ぐっすり眠れるようになってきました。

6月18日（木）

今日は娘が替わってくれ、私は家へ帰りました。

娘は、今日は、「(主人が）昨日と打って変わり寝てばかりで昨日の方が楽しかった！」などと冗談まで出る始末。それだけ回復したかのようでした。しかし、今度は昼頃より微熱と咳が出てきた、との電話がありましたので、お母さんが行ったら測定してみるから、ということで、個室にも変わっていたこともあり、波動機を持っていくことにしました。その場で原因もわかり、早く対処できると思ったからです。

病院に着き、さっそく熱の原因を測定すると、連鎖球菌と出ます。乳癌など、腐敗した所に発生する菌です。また癌でもマイナスと出ます。結局、肺癌末期、炎症を起こし、肺炎も併発していた霊で、前からいる妄想の霊が、その他にまだこういった病気も持っていたということが測定でわかってきました。本当に最悪の御霊さんでした。目の中を取って穏やかになってきたのもつかの間、身体の中にはまだまだいっぱいあふれていたのでした。

私が測定後一生懸命浄霊すると、夜には38度から37度になり、翌日には、本人も熱いのがなくなった、との自覚あり、身体も回復してきて、食事も６割くらい食べられるようになってきました。翌19日、20日、21日と昔の主人に戻り、元気に回復してきました。

6月22日（月）

この日は娘が見てくれていると、「お父さんがまた少しおかしなことを言うようになった」と言って夕方から私と交替しました。

娘が言ったように「宇宙戦艦ヤマトが窓の外にいる」と言う。私が「ここは病院だから、そんなのいないよ」と言うと、「よく見てみろ。これは妄想でも何でもない、本当にいる！」と切実に訴えてくるのです。この前の妄想の霊がまた目に出てきていました。微熱も出てきて、今度は肺結核菌でした。

この夜、主人は目がギンギンで寝ない、菓子を食べながら天井とにらめっこ、独り言、ゴソゴソ。そんな主人に付き合い、私も一晩中、妄想霊と肺結核菌と戦いました。咳は収まり、37度の熱も収まるが、妄想霊はまだまだしぶとくあちこち出てきます。

そんな厳しい状況の中、私の右手が4年前に来た骨折、捻挫、関節炎の霊が再び来て、右手が不自由になってきていました。波動機も使えない、主人の浄霊も看病も思うようにできないほど、手を使えない状態になってきていました。それなのに、主人は咳が出始め、その回数もどんどん増え始め、気管支のゼイゼイとで、つらそうでかわいそうで、見ておれない状態になってきました。

吸引も何度もやっていただきましたが、胃液を吐いてしまい、かえってつらいこととなってしまいました。また胃液を吐いた時、肺の方に入ってしまうと、もう2度とそれを取り除くことはできない、と言われました。

6月23日（火）

夜また寝られず、独り言が始まったので、左目に㊀30いたのを浄霊すると静かになったので、今日で3日も寝られない私はうとうとしていました。その時、主人は一人でベッドから降りようとして落ち、手の表皮がズルリとむけてしまったのです。「助けて！」と声が聞こえ、気がつきました。夜明けの4時のことで、医者まで来て処置をしてくださいました。

朝、また「中庭にヘリコプターがいてクレーンでビルを建てている」とか言うので、朝の回診の時、私が先生にその旨を告げました。先生は主人に「ヘリコプターがいるの？」と尋ねると、「うん、そこの中庭にね」と指差しながら「ヘリコプターが来ているんですよ、見えるでしょう！」と言ったのです。先生は主人の神経疾患を直々聞いて、わかっていただけたかどうか？　先生は「長いこと病気を患っていると、精神の方も異常をきたしてくる」とのお話でした。

変なことを言うときは、目の中に妄想の霊が出てきたときに言うようなので、気をつけていて、目の中へ神水やデトックス液をどんどん入れて、目の中が浄霊できた時、自分に戻れるみたいでした。特に、両方の目の中に霊が入っていると、自分（本霊）を失ってしまうという事実がわかってきました。

夜、仕事が終わった息子が来てくれました。主人に「○○○が来てくれたから、何か言ってあげて！」と言ってみますが、呼吸のつらさと、のどのゼイゼイではっきり聞きとれず、「じゃ、紙に書いて」と言って、ノートとエンピツを持たせたら、「人の話をよく聞いて判断するように」と書いてくれました。

今から思えば、それが息子への最後のメッセージになりました。息子もこの言葉は一生頭の中へ残り、悩む時は思い出し、心の糧となってくれることでしょう！

6月24日（水）

夜明け、突然胸が苦しい、とベッドを叩いて「先生呼んで」と訴えてくる。看護師さんたちが何人も来てくださり、処置してくれました。映画でよく見る心拍数や血圧、呼吸数のわかる装置が運び込まれ、その機械から出ている線が主人の身体のあちこちに接続されました。結局、酸素の一番強いのをやっていただきました。

この時の状態の髪の毛を、私の手が波動機を扱えるようになった時測定してみたら、心臓と気管支、肺結核㊉1と急に落ち込み、今までで一番最悪の数字になっていました。そんな最中、兄さんたちの名前を呼んでいました。

主人は、胃が悪いことが多かったのでやせていて、やつれた姿を見られたくない、と言って、誰にも会いたがりませんでしたので、その時、主人に「いつも会いたくないと言っていたけど、どうなの？」と尋ねると、「時と場合で、今は違う！」という言葉が返ってきたのでした。看護師さんも「会わせたい人がいたら連絡した方がよい」と言われ、朝5時を待って、泣きながら息子と娘に連絡し、息子には、お母さん、泣いて話せないだろうから、7時頃になったら兄さんに電話してくれるよう頼みました。

子どもたちも、早朝から病院に駆けつけてくれました。娘と二人、朝の先生の回診を首を長くして待っていました。

先生が来られ、「痛いところある？」と聞くと「ない」と首を振ります。ただ呼吸が苦しい、それだけなのです。先生は「のどの痰を1回だけ取らせて」と言って鼻から管を入れて取ってくださり、成功し、のどのガラガラが取れて本当に楽そうでした。が、ものの5分くらいで、またガラガラと始まってしまい、元のもくあみになってしまいました。

そんな状態の中、主人は先生に「今日ね、兄貴と弟が来てくれる」とうれしそうに報告しているのでした。兄さんたちが昼前に到着しましたが、その時は意識もあまりしっかりしていなかったので、主人から兄さん姉さんたちに世話になったお礼を伝えてほしい、と聞いていたので、私が代弁しました。そして、兄さんたちが食事から帰ってきた時には意識もしっかりしていて、自分の口から兄さんたちに、しっかりお礼が言えたのでした。主人も若い頃はずいぶん迷惑をお掛けしたみたいで、最後にお礼とお詫びができ、主人も兄さんたちも心の重荷が取れたに違いありません。兄さんたちに来ていただいて、本当によかった！　と子どもたちと話しています。

私の右手は、取って一時良くなったみたいだったけれど、まだまだたくさんいるみたいで、また腫れてきて使えなくなっていました。取ってはいるのですが、自分に充分かける時間もなく、主人の方に力を注いでしまうので、完璧というわけにはいかず、長引いていました。

その日の夜、急患の部で診察していただくことにしました。主人の食事を食べさせてから、その旨を主人に話すと、「おれのことは心配ないから早く行け、早く行け」と言って私のことを気遣ってくれました。

診察でエックス線を撮ると、ちょうど一番腫れた部分に白く何かが写っていました。その場で写真を撮らせていただき、あとで測定したところ、病院では石灰と言われ、白く写ったその部分には㊀370の捻挫の霊がいることがわかりました。取っていたのに、まだそれだけ残っていたということは、最初は何千もいたのに違いありません。

6月25日（木）

私が三日も寝ていない、ということで、その日の夜は娘が泊まりに来てくれましたが、主人が苦しそうな息遣いなので、私も後ろ髪を引かれる思いで家へ帰れず、主人の世話を娘に任せ、手が空いた分、片方の手で浄霊に専念していました。夜明け、主人の太ももの裏が異常に腫れているのに気づき、写真を撮り、痛い手で、いるかどうかだけやっとの思いで測定したら、そこには山ほどの肺癌・うらみ・妄想の霊がいたのでした。

主人が何回も足をさすってほしいと訴えてきたのは、太ももに何万もの妄想、肺癌の霊が出てきていたのでつらかったのでしょう！　私も片方の手しか使えず、裏側の方まで気配りができていませんでした。ここのところを早めに取り除いていれば、こんな悪い状態にならなかったのじゃないか？　と、あとからの写真測定で、悔やまれて仕方ありません。

その日、結局家へ帰れず、娘と二人で看病し、朝の先生の回診を見守ってから家路につき、風呂に入り、四日ぶりに3時間の睡眠をとることができました。睡眠不足と右手の霊障、また主人に憑いた精神疾患で肺癌末期のうらみ霊、と最悪のシナリオがそろい、霊障には一番詳しい私が、身近にいる主人の苦しみをとってあげられないもどかしさと、苦しんでいる姿を見ているだけで私も同じようにつらく、涙があとからあとから出てきて、泣きながら歩いていました。

そんな状態なので、病院の駐車場では車のエンジンは半日以上かけっぱなし、次の日心配した娘が、私の乗ってきた車を見にいくと窓が全開だった、という有り様。娘も、岐阜から高速に乗って、小１の長女を休ませ、何回もかけつけて看病に当たってくれ、両方の家族もフラフラ、家の中はクシャクシャ状態です。病人が一人出ると、特に主人の場合は神経疾患もあるので、昼も夜も、本人も看護人も眠れないのには負担が何倍にも増してしまうので、大変なことになってしまうと、学ばせていただきました。

6月26日（金）

朝の回診で、先生は、肺がだいぶ弱っているから、今日か明日、と言われました。親戚も遠いので、急に連絡するより準備が必要と思い連絡しました。友達も次々と来てくれて心配してくれました。

主人は意識は戻るのですが、すぐもうろうとします。何もしてあげられない私は「ごめんね、お父さん。ごめんね、お父さん」という言葉と涙ばかりあふれてきます。「お父さん、もう頑張らなくてもいいから、天国にいくんだよ！　お父さんは、もう充分役目を果たしてくれた人類の奉仕者だから、きっと天国にいけるよ！　あとは私が皆さんにしっかりお伝えするからね。ありがとうね、つらい想いばかりさせてごめんね。お父さんありがとう！」

6月27日（土）

昨日連絡した私の兄弟が、皆で見に来てくれる。遠いし意識もないし、また行ったり来たりすることになりそうなので、とお断わりしたのですが、どうしても見に来る、ということで、午前中、遠いところを駆けつけてくれました。

この日、何回も何回も呼吸が悪くなり、もう駄目かと思うと持ち直し、なかなか天国にいけない主人でした。

そして午後7時51分、72歳の生涯を終えたのでした。

病院の床の上に巨大な白い物体が写る

その後、葬式もすませ、手の空いた時に、髪の毛や写真などの整理をしていてわかったことは、個室に移った日の部屋の壁には、主人の死の原因となった妄想霊があちこち憑いていましたし、本人ののどにも白い固まりが写っていて、それも同じ妄想霊でした。その頃から、外にも身体の中にも、あふれてきていたようでした。

また主人死亡１日前の病室の写真には、偶然にも床の上に、誰が見てもわかる大きな白い物体が写っており、波動測定してみると、それも主人の死の原因となった妄想・肺癌の霊が３万85もいることがわかかりました。

それはその後どこへ行ったのか気になっていた矢先、久しぶりにカナ先生（前述）より電話をいただき、先生に主人の死を報告し、七夕の日に会うことになりました。

その時、主人の100枚以上の写真の束も一緒に持っていったら、神様より3枚の写真を抜かれました。その写真は、主人が死後、家に帰りフトンの上で寝ている写真で、その頭の上のほうのフトンを指差し、ここに異常があり、これが娘のところへ行く、と指で教えてくださったのです。その時、私は、本当のところ、何もわからず、帰ってから測定してみてびっくり！　本当にその場所に、病室の床の上にいたと同じ数の同じ霊がいたのでした。

神様はちゃんと見えるのだな！　すごいな！　と感動しました。

フトンに、病院の床の上と同じ3万85がいることがわかり、その時使用していたフトンを出してきてみました。すると確かに反応があり、一遍に浄霊すると数が多いので、少しずつ4回に分けて浄霊しました。それを全部足し算すると、25935にしかならず、どうしても4150足りないのです。もしかしたら、と思い裏側を調べると、そこにぴったり4150の妄想・肺癌の霊が存在していました。それらを全部浄霊し、どこに行ってしまったのかと心配していた3万85の霊も無事一件落着となったのでした。

死の原因となった霊を見逃してしまった私

主人は実にさまざまなことを自分の身を削って、私たちに教えてくれました。

床の下の地縛霊から始まり、癌の霊に憑かれると、本当に癌になってしまう実例を見せてくださり、治らないスキルス性胃癌だったとしても、現代医学で、なってしまった部分を取り除き、その後その霊を浄霊できれば、３カ月の命が何年も生きられる、という証明を残してくれたこと。

２番目に、メーカーや生産・製造時の条件にもよりますが、タバコに入っていた霊（思いの念）、菌、ウイルスが、身体の中の血液やさまざまなところに入り込み、満たんとなった時や、身体の弱った時、次から次へと終わりがないくらい出てくる、ということが解明できたこと。最後の命取りとなった、妄想、肺癌の霊も、後々の調べで、入院前に吸っていた吸いがらの中に、その霊が㊀30いたのにはびっくり！　さかのぼって測定していくと（写真が撮ってあるので見れる）、最後に買ってきた1カートンの実験の写真の中の１箱の中に、この霊が４９８０も憑いていたのでした。私は、他の箱にいた、㊀２０２０の、血栓でポリオ菌の憑いている箱だけしか見つけられず、その消え方を実験していたのでした。隅の方にいた5千近くの最悪の霊を見逃していたのでした。２０２０のポリオ菌が消える実験でしたので、2分のパワーでそれは確かに消えたのですが、同時に、パワーを入れた妄想で肺癌のタバコは㊀60だけ消えず残ってしまったようでした。吸いがらに㊀30残っていたので、結局身体に入ったのは㊀30でした。しかし、どんどん増え、何万も取ったのにもかかわらず、床の上にも3万以上いたことで、条件が良かったのか増え続けたみたいです。

このことを発見した時、私は自分を責めました。もう少していねいに測定していれば、こんなことにはならずにすんだのに！　私の未熟さゆえ、主人の死の原因を作ってしまったこと、悔やんでも悔やんでも取り返しのつかないことをしていた私なのでした。なぜ見逃してしまったのか！　なぜもっと取りつくせなかったのか！　誰よりも誰よりも、この現実を知りつくしていた私なのに、一番身近で大切な人を救ってあげられなかった情けない自分に、涙があふれてきます。

お父さん、ごめんね、ごめんね……。

3番目に、どれだけ原因が理解できていたとしても、私の実例にもあるように、たった一人の力では最強の霊（思いの念）に負けてしまう、ということです。

お医者さん、看護師さん、家族、皆がこのことを理解してくださり、皆で浄霊できていたら、巨大な悪霊にも立ち向かえられたに違いありません。

１日も早くこういう日が来ることを願って止みません。主人の死が無駄にならないよう、そしてこの現実を多くの方々に知っていただき、こういった被害が起こらないようにしていくことが主人の供養であり、私の使命であると思ってやみません。

第6章　寄せられた霊障実話

突然来た耳鳴り

岡崎市　65歳　女性　主婦

私は、毎年受ける健康診断で心臓・腎臓結石・緑内障が引っ掛かっていました。波動会場で見ていただいたところ、それらはすべて自分ではなくて霊的なものということがわかりました。詳しく見ていただくと、何万という数の2種類の霊が来ていました。びっくりして、教えていただいたとおりに毎日実行していると、どんどん少なくなって、現在はほとんど出てこなくなりました。それと同時に心臓も楽になり、目の方も改善してきて、よく見えるようになってきました。

そんな矢先のこと、急に耳元でモーターがうなる音が聞こえ出したのでした。この気分の悪さは、我慢できないほどの不快感です。１日、様子を見ていましたが、一向に良くなる気配がないので、波動教室の先生に見ていただくことにしました。運良く家にいらしたので測定をお願いしたところ、第３、第４頸椎がマイナスで耳小骨の悪い霊が来ていると言われ、あちこちいる霊を10霊体ほど浄霊してくださいました。その時はだんだん静かになっていたものの、まだすっきりした感じではなかったのですが、先生の玄関の門を出る時は、すっかり耳鳴りが消えていました。

またぶり返すかも？　と心配していましたが、その後、耳鳴りはすっかりなくなり、気分爽快で先生に御礼に伺いました。その時、先生が原因解明をしてみようか？　とおっしゃられたのでお願いしました。私も思い当たるものが二つあったので、後日、それを持って先生の家へ伺いました。すると予感が当たってしまいました。

先生はいつも大勢の方を測定していて、発見できたことをよく教えてくださるのですが、薬や健食の中には、全部ではないけれど、ポツリ、ポツリと、ウイルスや菌や霊的なものが入っているからと常々おっしゃられていました。

私は、その話も人ごとのように受け流し、自分たちは大丈夫と思って、手や足が冷え性だったので、主人と一緒に何十万円もの健食を飲み始めもう1年になり、何事もなく過ぎてきましたが、急にこのような恐ろしいことになり、先生のお言葉が身に染みることになってしまいました。

2箱残っていた健食とも、私に憑いたと同じ耳小骨の悪い霊が20霊体ほど入っているのが見つかりました。飲んだものに、どれだけ入っていたのか定かではありませんが、先生のお話では、「また後々同じことが起こるかもしれないけれど、今回と同じように浄霊をしっかりやれば良くなるからね」と言われました。またもう一つのお茶には、畑によくいるアデノウイルスとレオウイルスが入っているのが2袋見つかり、除外しました。

今回は、自分に痛みを伴って初めて霊障の影響の大きさを体感させていただきました。病院でもわからないことを、ここまで研究して教えてくださる人が近くにいらして、巡り合えた幸運に感謝いたします。本当にありがとうございました。

豊橋市　38歳　女性　会社員

霊感があった訳

私はいつ頃からか、感じることが多かったので、周りからは霊感が強い人、と言われてきました。例えば、平成20年、春、伊勢神宮……呼ばれた気がしてお参りに行ったら、なぜか「ありがとうございました」と口から自然に出てきました。

6月椿神社…すごく水行に行きたかったが、参加できないよう仕組まれ、鳥居をくぐった途端、頭痛と耳鳴りが激しくなり、帰ってきたら目つきが悪くなっていました。

8月出雲大社…注連縄《シメナワ》を見た瞬間、身体がふるえてきました。御神体を拝める時でしたが、拝みたくなく、目をそむけて帰ってきました。

8月伊勢神宮…また呼ばれた気がしてお参りに行ったら、またなぜか「ありがとうございました」と口から自然に出てきました。こんなふうに、体調が悪くなったり、感謝したり、自分がなぜそうなるのか、原因がわかりませんでした。また8月より、お祓いができる方と出会い、毎月1回お祓いをしていただいて楽になっていましたが、1週間くらいすると、また身体が重くなってきていました。

そんな時、友人がすごい人に出会ったから、紹介してもらえるということで、友人の家へ来てくださった野村先生にお会いできました。先生が私の隣へ座った途端、私の右半身がふるえ鳥肌がたち、なぜかおびえてきました。先生が、波動測定をはじめいろいろと説明などしてくださるのですが、それを信じて聞きたい自分と、信じたくないし聞きたくない自分と二分化されていました。

そんな中、先生が「今からあなたについているのを浄霊しますから」と言って、包み（塩が入っている）を渡してくださいました。同時に首の後ろとおへそに追い出すというものを入れてくださいました。すると、私の身体の中がザワザワと騒ぎ出し、あちこち動き出している感じがしてきました。少し我慢していると5分もしないうちに静かになってきました。先生は、私が手に持っていた塩を測定すると、1万以上の腰の悪いキツネが塩の中に入っているのが、私にも簡単に納得できました。また先生は、その後写真を撮って、残っているキツネを浄霊してくださり、ハンドパワーを施してくださったら、6年前からあった腰痛が楽になり、頭が軽くなり、皆には人相や顔色がよくなったと言われました。次の日からは、朝のめざめもよくなりました。

今回、野村先生に出会い、波動で誰にでもわかるように解明していただき、見えない世界を見させていただき、感動しました。また何より今までつらかった身体がうそのように改善してしまったのには感謝感激です。

その後、1カ月に1回お祓いしていただいていた方に出会ったら「今日はいい顔しているね。いつもいる腰にも憑いていないね」と言われました。キツネがいなくなるにつれ、私の霊感も腰痛もすっかり影をひそめてしまいました。

現在、私は周りの人たちにも教えてあげたり、習ったことをやってあげたりと、皆さんに喜んでもらって有意義な日々を過ごしています。野村先生、教えてくださった友達、人生を変えていただき、本当にありがとうございました。

※霊感があるという人を測定すると、キツネが憑いている方が多いです。キツネにも位の高いのもいるし、野良ギツネもいるので、霊能力にも差が出てきます。感謝のあるキツネでは、ゴルフボールなどに憑いて、穴にゴロゴロ転がって入ってくれることもありますし、商売繁盛の稲荷神社のキツネは客を寄せてくれることもあります。テレビに出てくる霊能者や占い師にもキツネが憑いている方もおられます。

3カ月続いた関節の痛み

岡崎市　67歳　女性　主婦

私は仕事柄、手をよく使うので、その使い痛みなのか、手首やひじが痛くて、もうかれこれ3カ月も痛みとの戦いをしていて、気分も滅入り、仕事から帰ると寝込んでしまう毎日でした。仕事場の上司も「使い過ぎると軟骨が減ってクッションがなくなるので痛くなるって、テレビでも言っていたよ」と言われてしまいました。

しかし、私には何十年来、医者に見放され一生付き合っていかなくてはいけない重症の耳鳴りをすっかり治していただいた強い味方の先生とのご縁があり、関節が痛くなったときも、見ていただいていました。その先生は、波動測定で髪の毛でも本人でも写真でも原因をつきとめ、どうしたらよいのか教えてくださいます。そして、ほかでは到底わからない霊的なこともすべてわかり、どんぴしゃと当たり、その場で楽にしてくださいます。

私の関節も霊的とわかり、先生に見ていただいた時は、どんなに痛い時でもその場で痛みが消えるのです。しかし、また家へ帰ったり、仕事へ行ったりすると痛くなったりするのでした。先生の話では、先生のところで本人をプラスにしても、家の中の部屋やふとんにいたり、食物の中に入っていた霊なら血液の中にまで入っているのでそれが表に出てきたり、身体に憑かれた時痛くなるということでした。

先生のところへ伺い、霊障を取り除いてくださったと同時に痛みが消える事実は間違いないので、浄霊をするよりほかないのですが、私が霊の取り方を全部把握してなかったから長引いたのかもしれません。

それというのも、三日くらい痛かった時、先生に見ていただいたところ、関節に2霊体、その他にカギとカバンに1霊体ずつ、車の中で飲んでいたお茶のフタにも2霊体憑いていました。サポーターには、4霊体も憑いていて、それをはずした途端痛みが消えたので、サポーターを塩水につけ洗ったりして注意していたのですが、その後また見ていただく機会があり、今回もまたサポーターに6霊体も憑いていたのでした。痛みマイナス5の関節炎の人らしいので、それが6霊体もひじに憑いていれば本当に痛いらしいです。実際、私は泣きたいくらいでした。痛い手にむち打ち、仕事だけは頑張って出掛け、帰ってきたら痛くて寝込んでしまうことが多い日々でした。

そんな時、先生に取っていただき、痛みがとれ、頑張らなくてはと思うのですが、つらくて寝てしまうことが多かったのでした。先生には「苦しかったら、寝たって治らない。早くよくなりたかったらまず霊障を取ることが先決！　それから寝ればよい」と叱られました。自分では取っているつもりでしたが、いろいろ間違ったやり方をしていたみたいでした。サポーターも塩水で洗っても霊は取れないことや、服や身体をチェックしてなかったこともあり、自分勝手な思い込みが、全部をきれいに取りきれないでいたことがわかりました。

先生に再度見ていただき、全部とっていただいたおかげで、その後、久方ぶりに手の痛みから解放されたのでした。やはり今回もまた先生のお力で、こんなに楽に快適にしていただけ、もうありがたく、幸せいっぱいです。

私の人生で先生に出会えたことが最高の幸せと思っております。先生、いつも本当にありがとうございます。

道が開き、明るい光がさし込んできた

豊橋市　55歳　女性　波動士

毎月、健康教室に来る人たちが痛みが取れてもまた繰り返す。どうして？　なぜ？　どうしたらいいのかな？　自分の中で解決されないことばかりで……。測定を繰り返し測る、血液の流れをよくして免疫を上げて、少しは楽になる。でも…。そんな時、Hさんが交通事故の後遺症で、体調が悪く背中が重い。大変だ!!　何とか楽にしてあげたい気持ちで、以前、お付き合いのあった野村さんに連絡したところ、時間を取ってもらうことができ、Hさんを車に乗せて野村さん宅に伺いました。

その後、野村さんに言われるとおり、塩を持ち、シールを当て、言われたことを順番にやるうちに、Hさんの顔つきがどんどん変化して、すごく身体が楽になった、と言い始めました。

そんな中で、私は痔が痛くてじっと座っているのが大変でした。野村さんが「塩を持って、シールを当てて」と言われ、少しすると痔の痛みがスーッと消えてしまいました。本

当に不思議と驚き!!　野村さんのお話を聞いている間中、お尻が痛くて、尻を浮かしたりモゾモゾしていたので、隣にいたHさんが「トイレでも我慢しているのかと不審に思っていた」と言われ、皆で大笑いしました。

野村さんから「病気などの原因はこういうことなのよ」と言われ、自分で身をもって体験したことで、嘘・偽りのない真実だと実感しました。ちょうど、健康のことで、壁にぶちあたっていた矢先の時でもありましたので、これなら私にもできるような気がして、明るい光が差し込んだような気持ちがしてきました。会場に来る人たちに少しでも痛みを取ることができるうれしい気持ちでいっぱいになりました。野村さんにこのことを教えていただき、自分の波動教室に取り入れていきたい！　と心底思った1日でした。

その後、野村さんは、私が一人前になるまで、毎月、私の波動教室に参加してくださり、会場へ来てくれた人たちの持病の原因解明や解決の方法など指導してくださいました。健康教室を続け、皆さんの笑顔の輪を楽しみに、使命感に燃えます。野村さんが発見したことの素晴らしさに感動、感謝して、一生懸命伝えていくことで、ご恩返しができると信じています。

日々、皆さんと一緒にいろんな体験の結果が出ています。本当にありがとうございます。

これからもよろしくお願い申し上げます。

※大切な人と自分が、その場で改善でき、霊の実在を知り、そしてこのことが健康の大元ということをその場で察知され、その後、私とともに霊障等測定し、浄霊を伝授してくださっておられる方です。

どんどん悪化してきたひざ

豊橋市　38歳　女性　家業手伝い

私はひざが悪く、腫れていて座ることもできず、階段の上り下りも痛く、苦しんでいました。いろんな治療をやってもはかばかしくなくて悩んでいました。

そんな時、波動士の長さんに測定していただくと、ひざの悪い人が憑いていると言われ、自分でも浄霊方法を習い取っていたら、どんどん快方に向かい、階段も楽に上り下りできるようになってきました。

それなのに、また悪化してきていました。そんな時ちょうど野村先生が波動教室に来てくださり、私のひざのことを聞き、測定してくださいました。その折、もしかしたら何か飲んでいるものある？　と聞かれてしまい、内緒で飲んでいた薬を出しました。その薬は、新婚旅行でひきつけを起こしてから16年間飲み続けていた頭の薬でした。その薬を波動機の上に乗せたら、その薬はひざでマイナスになってしまったのでした。そして心配していた頭の中を測定したら異常がなかったので、薬を止めてみる決心がつきました。その代わり薬害や霊障等を除去するデトックス液は飲んでいます。

その結果、今では正座もできるようになりましたし、階段も何の不便も感じなくなりました。頭の方も何の異常もありません。

また、わが家の犬のことですが、平成19年12月頃、落ち着かなくて、夜遅く朝も早くから吠えるようになり、近所にも迷惑をかけるので困っていました。病院へ連れていって症状を言ったら、昼夜逆転していて「ぼけ」と言われました。吠えだした時からデトックス液を飲ませていたら、だんだん吠える回数が減り、三日目には静かになりました。病院の薬はほとんど飲ませてなかったので、デトックス液がよく効いてくれたようです。私も犬も、現代医学では難しいことだけど、良い人、良い物に出会えて、本当によかったと思っています。

やけどの霊に憑かれていた私

福井県　43歳　女性　会社員

波動士の野村文子さんは、私の叔母にあたります。毎年お盆には家へ来てくれて、家族全員を測定してくださいます。ネックレスの時から測定してもらっていて、霊障が測定できるようになってからも、日に日に大きく成長し、来てくださるたびに進化していて驚くばかりです。

私たち家族も皆、不健康であちこち悪いところばかりです。叔母が来てくれると、皆、順番に見てもらいます。本当に不思議なことですが、その場で痛みが取れたり、曲がっていた指が伸びてしまったり、目が見えるようになったり、身体が軽くなったりするので、家中が信じています。最初、主人だけは信じてくれず、測定もしようとしませんでしたが、私の体験を話したら、自分もひざや腰が痛いので、自分から進んで叔母に測定を依頼していました。そして、自分も浄霊すると楽になることを体験し、波動ファンの一員に加わり、今では、家中が納得してやることができるようになりました。

平成17年8月14日の日の体験は非常に印象に残っているので、お話ししたいと思います。これは、子どもを産むたびに肥満体になり、現在では72キロにもなってしまいました。これも悩みの種ですが、腰は起きていても寝ていても痛く、いつも何かどっしり重たいのが乗っかっている感じで、目はかすんではっきり見えない、メガネもきかなく、頭は重たく、常に眠たく、便秘と下痢の繰り返し。左手の中指がしびれて曲がらず、さわると痛い。のどが異常に渇き、休憩時間にはペットボトル3、4本は飲まないとおれない。異常に暑がりで、扇風機を強にしても暑い、という具合の中で生活していました。叔母が来て測定してくれるのを待ちに待っていました。

いろいろ測定していただくと、自分の苦しみの原因すべてが霊障という結果が出ました。肥満⊖5、コレステロール⊖5、レンズ・瞳孔・視力⊖4、脳梗塞⊖5、結腸・便秘⊖5、癌⊖3、そしてやけど⊖4と出たのです。それで私はようやく納得できました。異常な暑がりで水が飲みたかったのは、やけどで亡くなった方に憑かれていたからだと、そして悲しみの霊だと言われて、これも納得です。何でもないのに泣けてきて涙が止まらなかったりしたからです。

そして、いつものように浄霊していくと、身体は軽くなり、目は見えるようになってくるし、眠気は覚めてきたし、腰の痛みが消えてきた。最後に左手中指も塩を当てて浄霊すると、痛みがなくなり、しびれも消えて曲がるようになってしまい、あれだけの苦しみがほんの1時間くらいの間に解消してしまい、キツネに化かされたみたいになって、今までの涙が喜びの涙に変わったうれしい日となってしまいました。

長女も腰の痛いのもその場で良くなり、次女も腹が痛いと言っていたのも浄霊していただいたらその場で痛みが取れてしまい、家中が本当にお世話になりました。

また姉の家族も、家の方へ来て一緒に見ていただくので、お盆は、叔母も休養どころか、次から次へと大勢の人を測定してくださり休む暇もありませんが、愚痴一つこぼさず、いろいろとやるべきことをお話ししてくださいます。私たちが、楽になるとすぐさぼってしまうからです。日本中、世界中でも、まだ解明できていない世界をまざまざと見せてくださり、その場で結果を出していただき、これ以上の幸せはないと思います。このことを知ると知らないのでは、お金に例えたら1億円以上の価値があるのではないかと思うくらいです。私たちは、偶然にも叔母がすごい人だったことに、ありがたく、ただ感謝申し上げるのみです。

咳に悩まされて

岡崎市　66歳　女性　自営業

私は、よく咳に悩まされます。小さい時も百日咳で苦しんでいたことを姉が話してくれます。母は小さい時亡くなっていますので、姉が母代わりだったからです。大人になってからでも、ひどい時は2カ月くらい咳が止まらず、夜も寝られず、肺癌ではないかと心配して病院通いをしたことがあります。そんな時、知り合いの波動士で本も出されている方が、一度見てあげる、と言って私の家へ来てくださいました。

その時の測定の結果、やはり心配していた肺癌マイナス２と出ました。でもそれは、私自身ではなく、私に憑いている人が肺癌で亡くなった女の人ということでした。その霊はよく逃げる霊で、今私に憑依していたのに、浄霊しようとするともういない。そんなふうだったので、波動士の方が、私の周りも一緒に写真を撮ってくださり、調べていただくと、お客さんにお出ししたゼリージュースの飲み口のところに憑いていました。３回逃げていなくなった時、３回ともゼリージュースに憑いていました。私もこの咳が続いてご飯も食べられず、ゼリーのジュースだったら飲みやすかったので、きっとこの方も食事もとれず亡くなりジュースが飲みたかったのに違いありません。

浄霊した塩の中にゼリージュースをたくさん入れてあげて川に流したことが思い出されました。１カ月前波動士さん宅に伺った時もまた逃げてしまい、その辺を写真に撮って見つけ５霊体ほど浄霊していただいたところすっかり良くなりました。

その後しばらくしてまた咳に悩まされ、浄霊しても浄霊してもまだまだ咳がやまないので心配になり病院へ行ってみました。お薬なども頂いたので飲んでみました。用事で波動士さんのお宅を訪れ、まだ咳が出るので病院にも行って薬も飲んだ旨お伝えしたところ「ネックレスつけているから、本人ではないと思うよ、多分霊障だね」と言って測定してくださいました。

ちょうど咳が出ている時でしたが、波動が始まったらまた咳が止んでしまった。「またいつもの逃げる霊じゃないの？」と言われ、私の周りを写真に撮られました。測定していただくと、やはり私ではなく2メートルくらい離れているパソコンの上に逃げていたのがわかりすぐ取り押さえてくださいました。調べていただくと、前回と同じ肺癌で気管支の悪いいつもの御霊さんでした。やはり霊障だったのかということを再認識させていただいた出来事の数々でした。

今回は、ほかに自分の身体の不調もありましたので、ついでに症状を言って測定していただくことにしました。最近、尿失禁があり咳が出るので失禁になってしまったのか、とも思っていましたが、調べていただくと、自分自身が本当に尿失禁マイナス2と出てしまったのです。霊障ではありません。自分自身なのです。しかし、波動士さんはネックレスをはめているのに、まずこういうことはありえないので、もしかしたら薬が原因かもしれないから、と言われ、たまたま調べていただくのに持ってきた薬を波動機に乗せて測定していただくと、5種類の薬の中に、一つだけ、尿失禁マイナス2の薬が出てきました。この薬を飲んだので薬と同じ結果になってしまったということがわかりました。

また最近になって、足と腰が痛いのでそれも調べていただくと、5種類の中のもう一つの薬が、腰椎にマイナス2、痛みもマイナス2と出ました。私の身体は忠実にお薬のとおりのままに再現されていました。ちなみに、気管支と肺にはプラス20と最高に良いお薬でした。

世間一般に、そこには良くても他に悪いため、またその悪いところを治すため、また薬がどんどん増えて悪循環になっている、という話をよく聞きますが、まさにそのとおりだなあ、とつくづく再認識させていただきました。私は、こうして原因もわかり、取り方も習っていて、前から思えば症状もどんどん軽くなっているのに心配性のあまり、取り越し苦労をしてしまいました。

こんなに素晴らしい事実を教えていただいて、私たちは本当に幸せ者です。感謝の気持ちでいっぱいです。また、信じてくださる人にはどんどん教えてあげたいと思う日々です。

どうしても右下がりになってしまう字

豊橋市　70歳　女性　教師

私は、子どもたちに書道を教えていますが、最近書いた字がどんなに頑張って注意しても、どうしても右下がりになってしまうので困っていました。当然、出展や、書かなくてはいけないことがあっても、書くことができず、娘に代筆をしてもらっていました。

ある日、友人と一緒に岡崎の野村さん宅を訪問することがあり、偶然身体を見ていただける機会に出合い測定していただきました。そうしたところ、野村様の話だと私には第4番目の頸椎で三叉神経の悪い人が憑いているので平衡感覚が悪いですよ、とおっしゃられました。そこで、私が習字の字は本当は右上がりに書かなくてはいけないのだけど、どうしても右下がりになってしまうことをお話ししたら、「それは多分その方が憑いているからだと思います」と言われ、すぐ浄霊してくださいました。

浄霊後、野村さんは、「じゃ、字を書いてみてください」と言われ、紙をくださいました。すると、どうでしょう！　何も努力しないのですが、書く文字がすべて右上がりにスラスラ書けてしまったのです。今まであれだけ苦労しても右上がりに書けなかったのですが、不思議としか言いようがありませんが事実なのです。こんなキツネにつままれたような話ですが私はこの体験を通して霊の実在を信じることができました。

友人のおかげで良い人に巡り合わせていただき、素晴らしいことを学ばせていただいたことに、心から感謝させていただきます。

中古の時計で頭痛に

岐阜県　35歳　男性　教師

僕は35歳になりますが、今日まで頭痛で苦しんだことはありませんでした。ところが１カ月くらいずっと、朝から晩まで強度の頭痛に悩まされました。おかしいと気づき、思い起こしてみると、ちょうどその頃、中古で高価な時計の掘り出し物に出合い買った頃と一致していました。もしかすると、この時計に関係しているかもしれない、と思いました。ちょうど、波動会場へ行く機会があったので、調べていただくことにしました。

測定結果は思ったとおり、頭痛持ちの霊で執着マイナス４の人が時計に憑いていたとのことでした。そして時計を浄霊していただきました。その後、頭痛はすっかり良くなりました。まさしく以前の時計の持ち主が、高価な時計だっただけに離れがたく憑いていたのではないでしょうか。

僕は、波動の野村先生とは、ネックレスの時から存じ上げていて、こういう世界を教えていただいていたので、すぐさま気づき対処できたので幸運だったと思います。

難病パーキンソン病がその場で改善

岡崎市　68歳　女性　主婦

私は、ある日突然腰が痛くなり、それと同時に、座ったり立ったりも誰かに補助をもらわなくてはいけない。何より前に歩けなくて、前に行こうと思ったら、横を向いてカニさん歩きで、ほんの少しずつ足を横に出して、時間を掛けてしか歩けなくなってしまいました。すぐ病院へと思ったのですが、ちょうど娘がお世話になっている波動の先生がいらして、娘も原因もわかり改善できていたことがあり、その先生にお話したところ、すぐ見てくださるとのことで、娘の嫁入り先のお母さんにそこに連れていっていただくことになりました。

すぐ測定していただいたところ、第4頸椎の三叉神経・第4腰椎の悪い人で、霊障ということでした。先生は測定後すぐに霊障を取ってくださった後、「霊障は全部取り終えたので、1度立って歩いてみてください。歩けると思いますので！」とおっしゃるので、立ち上がると、あれぇ、来た時はソファに座るのにも皆の手を借りやっと座ったのに、誰の力も借りず、すっと立てたのに皆びっくり。そしてカニさん歩きでなく、前にサッサと歩けるではありませんか！　先生に「腰も曲げたりして先ほどまで痛かった動作をやってみてください」と言われ、腰を曲げたりねじったりもスムーズにできるし、痛くないし、先ほどまでの身体がうそのよう、まるで魔法みたい、いやー、本当に信じられない。そんな不思議がほんの20～30分の間に起こってしまった光景でした。周りの人たちも皆、感動し喜んでくれ、本人の私がうれしくてうれしくて自然と口元がほころんでくるのでした。

本当にここに連れてきてもらってよかった！　先生と出会えてよかった！　医者だったら、多分シップ薬を貼ってもらうくらいのことだったでしょう。そして、あとで聞いた話ですが、私の症状は現在、国の難病で、一生治らない人が多いパーキンソン病だったとのことで、私は運がよかった、とつくづくありがたく感謝しております。本当にありがとうございました。

さえない心の中の原因

福井県　21歳　女性　会社員

私は21歳になります。野村先生とは、母が知り合いなので、私も便乗してよく見ていただくことがあります。

測定していただくと、いつも卵巣と腰の悪い人が憑いています。いつも手で塩を持つと出てくるのですが、今日は手から1霊のみで、あとは右背中3霊、腰3霊と全部で7霊浄霊していただきました。

私の悩み苦しみは心の中にありました。先生に自分の心の中の気持ち波動を測定していただくと、淋しさ㊀4、気苦労㊀3、腹立たしい㊀3、プレッシャー㊀3と出ました。先生は、「これはあくまで霊の気持ちであなた自身ではありません。ただし、プレッシャー㊀3だけは、あなた自身という測定結果です」と言われました。

私の気になっている心の中が、本当にそのとおりマイナスと出て、それも霊障とわかり、複雑な気持ちと、やっぱりという気持ちでとても安心できました。健康面だけでなく、心の中まで左右されるのだということに驚きました。いつも悩んでいたことが霊障だったということは、これからはさぼらないで浄霊していかなければいけないな、と反省させていただきました。

口が開かず食事ができなくて

岡崎市　55歳　女性　自営

平成19年1月、ミニソフトバレーの新年会を間近に控え、ここ2、3日だんだん口が開かなくなって、イチゴしか食べられないようになっていました。明日の新年会を前に、自分の力じゃどうにもできなくて、同じバレーの仲間で、以前にも何度かお世話になり、改善していただいたことのある友達にお願いするしかない、と思いました。電話すると快く返事してくださり、測定の結果は、顎下神経の悪い霊障がありました。

さっそくあちこちいる場所を見つけて浄霊していただくと、少しずつ口が開くようになって、それにつれて首にあったしこりがやわらかくなってきました。だいぶたくさん浄霊していただいたら、口もようやく開けられるようになってきました。あとは帰ってからも自分でやるようにと教えていただきました。

おかげさまで次の日の新年会は、口も開きお料理も全部食べることができました。新年会の当日、バレーの会員でもある主人も一緒だったのですが、その時なぜか撮った写真の中の1枚のズボンに丸いハッキリしたオーブが写っていたのです。友達に調べていただくと、私に憑いていた顎下神経の悪いのが6霊体、主人のズボンに憑いているのがハッキリ写ってしまったようでした。私だけではなく主人にまで憑いていたことにびっくりでした。

とにかく原因が早くわかって、病院に行くこともなく良くなり、ごちそうも食べられたし、身近にこんなに頼りになる仲間がいてくださり本当に助かっています。今後ともどうぞよろしくお願いいたします。

膀胱癌という恐怖の中で出合った一筋の光

豊田市　47歳　女性　教師

あの頃の私は「助けてほしい」という気持ちと「もうどうにでもなればいい」という失望の中にありました。そんな私に声をかけてくれたのが同じスポーツジムを使っているN氏でした。彼は私の中では信頼できる数少ない人物です。N氏は以前リウマチを克服しているということは知っていました。このN氏が私を先生に引き合わせてくれた人物です。

当初は先生やN氏が話す「波動」なるもの、半信半疑でしたが、先生のお宅に伺い波動計なるものでチェックしてもらいました。その時私は先生には何一つ私の持っている問題、体調などはお話ししませんでした。ところが、波動計が私の問題を導き出したのです。

私は膀胱癌の疑いがあると医師に言われていました。それでも、膀胱癌の患者のほとんどが男性であり、喫煙者であるという情報から私には当てはまらないはず……と少しの希望はありました。頑固な膀胱炎だろう、であってほしい……しかし、病院は3カ所、処方された抗生物質、抗菌剤は6種類に及びましたが、改善は見られず、尿中にはいつも菌がいました。最後は総合病院に紹介状を持っていきました。私は非常に怖がりです。特に痛みに対する恐怖心は自他共に認めるものです。膀胱内視鏡での検査では過呼吸を起こし不可能でした。

野村先生は波動測定を始めると、症状も話していないのに、簡単に「膀胱の悪い霊が憑いている」と言いました。私は驚き、自分の問題を野村先生に話しました。先生は、波動の高い塩、石などの説明、そしてそれらを使用し、実際に私に施してくださったのです。そして、もう一度私に憑いていた霊を測定し、「癌の霊じゃないよ！」と一言。力強い一言でした。それでも私は、本当にこんなことで効き目があるのか？　ものは試しであろう。という思いの中で帰路につきました。

しかし、この日を境に私の排尿時の痛みが軽減されてきました。次の医師の診察では、思いもよらない結果が出たのです。「あれ？　おしっこ、きれいになってるよ」と言うのです。菌はみられないのだそうです。

頑固な私は、今でもすべてを受け入れられないのですが、事実、私の膀胱は何の問題もなくなっています。今の私は野村先生とＮ氏に感謝しかありません。

臭いとともにやってくる卵巣癌の霊

岡崎市　52歳　女性　事務員

野村先生のもとで、波動のこと、霊障や浄霊の方法等いろいろ教えていただく中で印象的な体験を3件紹介させていただきたいと思います。

それは2年ほど前のことです。時折感じていた腰痛がひどくなってきた頃、不快な臭いが漂っていることに気づきました。はじめはゴミの臭いかなと思ったのですが、私の周りだけ臭うのです。それも腰痛がある時に限って臭うのです。その腰痛と臭いは、忘れていたあの生理の時の痛みと臭いだと気づきました。でも臭いについては、あの時以上の強い、まるで身体が腐っていくようないやな臭いでした。この時「これは癌の臭いだ。子宮癌の」と直感しました。この時までこの腰痛が霊障だと考えていなかったのです。早速、野村先生に波動機で調べてもらったところ、子宮癌ではなく卵巣癌のマイナス7の霊障でした。それからは毎日浄霊しました。

この頃には、先生の研究も進んでいて、写真で全身を写し、どこに霊が憑いているかわかるようになって、浄霊の方法もより正確に手軽にできるようになっていました。するとあんなに痛かった腰痛も軽くなり、臭いもまるで薄紙をはがすように徐々に薄くなって、全く臭わなくなりました。今では卵巣癌の霊障はありません。

母の椎間板ヘルニアが10分で改善

まずは、私の母の体験談です。

平成19年6月、日曜の夜、突然母から電話があり、悲痛な声で「腰が痛くて歩けなくなっちゃった。立ち上がるのがやっと。どうしよう……」。私が「いつからなの?」と問うと、「金曜日に病院に行った後、昨日から」との返事。私はピンときました。「これは霊障に違いない」と。母には私が行くまで病院には行かないように、我慢してもらいました。浄霊用のグッズを持っていくと、母は顔をしかめてよほど痛いのかまっすぐに座っていられない状態でした。

早速、塩を両手に持たせ、シールを首の後ろと丹田に当てて、「そのまま10分ほど待っていて」と言って、私は一緒に来た妹と世間話をしていました。その間神妙にじっとしていた母が10分もたたないうちに、いきなり「あれー」と叫び出したのです。何が起きたのかと驚いて「どうしたの?」と尋ねると「痛くない! 痛みがなくなった!!」信じられないという顔をしながら言ったのです。そしていきなり立ち上がって歩き出したのです。私は「やっぱりね」と納得顔。側にいた妹は目の前に起きた出来事が信じられないような顔で目を見張っていました。

これは霊障で、病院に行った時に憑かれたこと、早く浄霊したから良くなるのも早かったことを説明しました。母も妹も納得したような、しきれていないような複雑な顔をしていましたが……。

私自身体験をし、また野村先生の所で、よく同じ光景を目にしていたので驚きはなかったのですが、先生のいない所で自分以外の人の浄霊は初めてだったので、改めてそのすごさに感激しました。

後日、先生にその時の塩を波動で調べてもらったところ、椎間板ヘルニアのマイナス7の霊障でした。かなり強い霊障でしたので痛みも相当だったようです。あのまま病院でみてもらっても、入院して寝たきりになったら大変でした。思わぬことで親孝行ができて本当に感謝しております。

その後、母は元気よく腰痛は全くなくなったそうです。ただ、調子が悪くなると、病院よりまっ先に私に電話してくるようになりました。

腰痛の霊は逃げるし、不信感で短気

そして次は、今現在私が闘っている霊障についての体験です。偶然にも腰痛の霊障ばか

りですが、腰痛でもパターンが違うので比較してもらうのも面白いのではないでしょうか。

今度の霊障は今までになく手強く、おかげで気づかされたことがあります。

一つは移動することです。体の中だけなら、シールと塩で浄霊することができるのですが、体の外、空中となると、見えないだけに難しくなります。こんなことがありました。職場の事務所で腰が痛くなった時のことです。取ろうとしたら急に楽になったんです。途端に近くにいたそこの奥様が「Mさん楽になったんじゃない。私に来たみたい。腰が痛い」とあわてて浄霊して事なきで、後日笑い話になったのですが。このように移動するのです。

もう一つは感情があることです。腰が痛くなった頃から私の感情に変化が現れたのです。短気になり、他愛のないことにも苛立《いら》ち、周りの人たちに対して不信感が募ってイライラすることが多くなったのです。腰痛の症状が重くなるほどにこの感情も強くなってきて、自分自身で抑えられないようになっていました。ふと冷静に自分を振り返ると、「おかしい！なぜこんなに苛立っているのだろう。これは自分じゃない」といった違和感があったのです。自分の中に別の人格がいるような感じです。「もしかすると」と思い、野村先生に波動でみてもらいました。するとこの腰痛の霊障に「うらみマイナス5、不信疑惑マイナス5、短気マイナス5、腹立たしいマイナス5」の感情が出たのです。私が持った感情と同じです。腰痛の霊障が出ると腰が痛くなり、短気になるのです。身体は症状が出るのでわかりやすいのですが、感情は自分の感情と混同してわかりにくく、気づきませんでした。身体ばかりでなく感情までも支配されてしまう。何も知らず放置していれば腰痛は悪化して、人間不信で人を恨み嫌われ、悲惨な人生になっていただろうと思うとぞっとします。野村先生に出会えたことを感謝します。

※その後、その霊も徐々に少なくなり、2、3カ月後には出てこなくなったそうです。

目のけいれんと曲がらなかった足

安城市　40歳　男性　自営業

僕は電気工事の仕事をしています。以前に野村先生のお宅に電気工事に行った時、ネックレスを教えていただきました。その時、ネックレスのおかげで肩こりがなくなり、夜もぐっすり眠れるようになり、朝、なかなか起きれなかったのが、すっと起きられるようになり、ネックレスの効用をしみじみ感じて、良いものを教えていただいたと感謝していました。

ある日、その野村先生より電話があり、故障した電気機具の修理依頼があり、3年ぶりに先生のご自宅にお伺いさせていただきました。すると、前にお伺いした時より、さまざまな勉強をされた様子で、いろんなことをお話ししてくださいました。特に波動機で霊障の有無がわかるようになったことを聞き、そんなすごいことができるのか、本当なのかと驚きました。そして、先生が「測定してあげましょうか？」とおっしゃってくださいましたのでお願いしました。

霊障があったようで、塩を手に握るように言われ、首とおへそに霊を身体から追い出す物とかを入れていただき、またすぐ測定し、「今、右か左のどちらかの手の塩の中へあなたに憑いていた霊がお入りになられましたよ」とおっしゃいながら、「波動機から出ている検知棒なるものを、手で握った塩の上に置いてみてください」と言われそのとおりにすると、片方の塩にだけマイナス反応の音がブーブーと聞こえてきて、「そちらの塩のほうに入りましたね」と言われました。

するとなぜか不思議、自分の目に変化が出ていました。先生には何も言ってなかったのですが、いつも1分に1回くらい起きていた目のけいれんがなくなっていました。エッ、不思議、信じられない！　しかし、いつも必ずいやでも頻繁に襲ってくるけいれんが消えてしまった！　エー？　なぜ？　そう言えば、いつも左足首が曲がらないけれど、今なんとなく曲がる、いつもより曲がる。エー？　先生にネックレスの束を持つように言われ、それを持ったら、またまたたくさん曲がる。エー？　信じられないけど曲がる。そして、不思議オイルだよ、と言われ、塗ってもらったら、またエー？　どうして？　右も左も同じようになり、正座ができなかったのに、正座ができてしまった。その後、すっかり良くなってしまったのです。

僕の目のけいれんは、1月くらい前から突然起こり出していました。また、足首の方は、3カ月ほど前から、特別ケガをした覚えもなかったのに突然足首が曲がらなくなり、4～5センチくらいの段でも左足がつまずいてしまって、不自由していた矢先のことでした。アレヨアレヨと、不思議不思議と、感動のうちに良くなってしまい、いまだに信じられない、その時夢を見ているような気持ちでした。しかし真実なので、身内や知り合いの人で困っている人に教えてあげたくなってしまいました。

野村先生のお宅にご縁があって本当に幸運な私でした。このような出会いを神様に感謝いたします。

本に導かれた幸運

東京都　38歳　男性　会社員

本屋さんで波動士さんの本に出合うまで、気功、整体、東洋医学、西洋医学、漢方、サプリメント、ありとあらゆるものを経験しながらも、私には身体の苦痛から解放される手立てはありませんでした。

私の症状は、生あくびがひどく、風邪は7、8年前から引きっぱなし、腰痛、しびれ、股関節の痛みなどでした。本の電話より波動士さんに連絡し、自宅までお伺いし、磁石ネックレスをかけていただいたり、塩で浄霊していただくこと30分ほどで、かなりの痛みが取れびっくりしました。私は、今までにいろいろな波動の本、宗教家の人たちにも会ってきましたが、これほどまでに痛みが取れ、霊障のメカニズムがわかりやすく理解できたのは初めての経験でした。

そして、これは私の父の話ですが、父は幼い頃、父の姉が言語障害だったのをからかって真似をしていたそうです。それがある日のこと、父の方が発音が不自由な状態になり始めたのです。そしてなんと姉の方はすっかり治ってしまいました。このことを波動士さんにお聞きしてみましたら、それは姉に憑いていた霊が父に移ってしまった、ということを言われました。なるほど、よく人に風邪を移せば治るよ、などと言いますが、あれもそういうことなのか、とわかりました。私は、1日で身体の痛みがほとんど取れ、霊障の意味をよく理解させていただいて、本当に感謝の気持ちでいっぱいです。これからも、見える世界、見えない世界を意識しながら、感謝の生活を送りたいと思います。

※この方は、前作を読まれ、東京から来てくださった方ですが、1回目で痛みから解放されて、何でも1度では駄目だからと2回来られました。2回目の時は、風邪症状が出ていて、帰りにはすっかり良くなっていました。結局二つの霊障があり、一つ目は1回目の時に浄霊でき、もう一つの風邪症状の霊障が2回目の時に浄霊できたみたいです。治らなくてもあきらめず、あちこちぶつかって、頑張ってくれて本当によかったです。

母乳の中に私の持病が！

安城市　30歳　女性　主婦

私の子どもと同じ保育園に通う友達より野村先生を紹介していただき、3人で先生の自宅にお伺いし、自分が一番気になっている足の静脈瘤の原因を波動測定していただきました。すると、静脈瘤は霊障で、他にサイトメガロウイルスもたくさんいる事実がわかりました。そして血液の中には、もっともっとたくさん入っているそうです。

そして、もっと驚いたことは、私が手作りしたお菓子も調べていただくと、私に憑いている静脈瘤とサイトメガロウイルスが付いていたのでした。その時は、調べてから、付いていないのをみんなで食べましたが、先生のお話だと、料理する本人にたくさん付いていると、その手からも出てきているので、一緒に料理の中へ入ってしまい、家族中が悪い因縁までもらってしまうそうで、それが血筋とか言われていると教えていただきました。そう言われれば、私の母も静脈瘤がひどく、ブクブクの足をしていて、私も同じように少しブクブクしてきたので遺伝かと思い込んでいました。

後日、先生が、現在1歳の子に飲ませている母乳が心配だから測定してみようと言われるので、友達と出掛けていきました。乳児も一緒に連れていったので測定していただくと、私と同じ、ウイルスと静脈瘤の霊が憑いていました。そこで今度は、乳をコップにしぼり出し測定していただくと、マイナス20になり、そのうちマイナス5が静脈瘤の霊で、あとのマイナス15がサイトメガロウイルスと、私にも、その数字や内容がわかるよう見せてくださいました。すると、すかさず友達が保育園児が30名くらい写っている写真を出してきて、先生にこの中に静脈瘤の子どもがいるかどうかと言って検知棒を当てたところ、一人だけマイナス音が出たので見ると、それは、私の2番目の子どもでした。すかさず、じゃこの子は、と言って棒を長男の上に当てたところ、「この子はウイルスも静脈瘤も反応ないね」と言われました。

下の子二人は、私に憑いている霊もウイルスも同じようにいて、一番上の子には反応がないということで、友達と二人でびっくりして顔を見合わせてしまいました。なぜなら、一番上の子は、お乳が出なくてミルクで育て、下の二人は、努力してお乳が出るようにして飲ませたからです。友達もその事実をよく知っているので、測定で出た結果に驚いたわけです。

以上、私と友達が見聞きした事実は、現代には不思議なことですが、すべて目前で見せていただき、取っていただき、測定していただき、すべてがつじつまが合い、納得できるものでした。母親からもらった静脈瘤を、また子どもたちにも知らずにあげてしまっていた事実がわかり、これ以上増やさないことと、あげてしまったものは取り除いていくことで、頑張っていくしかない、と思いました。

まだ早い段階で教えてくださった友達と先生に感謝の念を捧げたいと思います。

子どもの難病の数々と波動機の故障

安城市　40代　女性　主婦

私は、ある知人のおかげで野村さんとお知り合いになることができ、今では本当にありがたく思っております。家も近いことから、悩んでいる友達がいると一緒に野村さんのお宅まで連れていって測定していただいています。現在3人の友達を測定していただきましたが、３人とも、すぐに原因がわかり感謝されています。

その中の二人は特に、病院で最高の検査を受けていましたが、原因もわからず苦しんでいました。一人は抗癌剤の治療まで受けていましたが、体調が悪く、病院では肺癌と言われていましたが、測定では肺結核の菌だったみたいで、野村さんが、子宮と肺についていた結核菌をハンドパワーで消してくださり、その後、元気になってしまいました。もう一人の人は、意識がなくなり倒れてしまって3カ月間も起きてこられなかった人ですが、その原因が脳梗塞の霊が憑いていたことがわかり、この方も何万も取っていただいたので、あとは自分で浄霊していくことで解消されるというお話でした。

そして私は、３人の子どものことが気になっていました。保育園や病院の健康診断で異常があったからです。一人目は難しい病名、神経芽腫の疑いがあると言われ、二人目は白血球が多いので白血病の疑いがあると、３人目は心臓病の疑いがあると言われたのです。どれをとっても恐ろしい病名ばかりで、不安が募るばかりでした。

そんな時は、野村さんという強い味方がおられるので、さっそく3人の毛を切って測定していただきました。原因はすべて霊障で、診断のとおりで、一人目は神経芽腫で神経細胞の悪い悲しみの霊でした。悲しみと聞いてびっくり！　この子は本当によく泣いてばかりいる子だったからです。

二人目は、白血病でマイナスになりました。3人目は、心不全でマイナスと出ました。全員、1万以上の霊障とわかりました。私はそれで一安心できました。霊障とわかれば取り除いていけばいいのだから、と思ったからです。そんな測定の最中、3人目の心臓の悪い子の髪の毛を波動機の上に乗せた途端、今まで異常なく使用していた波動機が音も出なくなり、針も動かなくなって使用不可になってしまったのでした。野村さんは、「何か憑いちゃったね！」と言って浄霊していましたが、「どこに憑いてるかわからないから、予備の波動機で続けるね」と言って、もう1台のと交換してやり始めました。

予備の波動機で、一とおり測定も終えたところで、私たちは、先ほどの使えなくなった波動機の故障の原因が知りたいので今から直していただけないか？　とお願いしましたら「じゃー、見てみるね」と言って、写真を撮って予備の波動機で見てみたら、結局は私の息子の心不全の霊が2カ所に憑いていることがわかり、私たちの目前でそれらを取り除き、「これで直ったかな」と言って波動機を交換して使用したら、元のように音も針も動いて正常になりました。私たちは野村さんから、人間だけでなく電化製品も機械もこういうことが原因なのよ、と常に聞いてはいましたが、目の前で見せていただき、改めてこの事実に感銘したのでした。

そして、あとでわかったことですが、波動機が動かなくなった時、ちょうど心臓の悪い子の髪の毛を波動機の上に乗せた時だったのです。野村さんの話では、髪の毛にその霊が憑いていて「乗せたと同時に機械に憑いてしまったのかも」と言われました。私も最近心臓が苦しくなり、浄霊して事なきを得ていましたが、その日も私の服に憑いていたのは心不全の霊でした。この霊はうらみ波動の霊らしく、とても強いので、私にも来るし、機械にも行ったり、そして何より、憑かれている本人もなかなか言うことを聞かず困っています。しかし、原因もわかったことですし、浄霊していくことで、全員元気になれることは理解できたので、頑張ってやっていくつもりです。

野村先生に出会えて本当によかった！　これからも、いろいろ教えてくださいね。

岡崎市　66歳　女性　主婦

5年越しの喉頭疾患がその場で改善

私は、4、5年前より喉頭が炎症したような感じがして、耳鼻科に行きました。カメラを口から入れて検査してもらいましたが、たいした異常もない、と言われました。しかし自分としては喉頭の違和感はどうしてもぬぐい取れず、慢性化していました。風邪薬を飲むと、その時だけは楽になりましたが、すぐ元に戻ってしまいました。1年後再び耳鼻科を訪れると、「また来たね」といやみを言われ、今度は鼻から入れるファイバースコープで検査していただきましたが、また異常なしと言われてしまいました。

自分としては違和感があるのでいやな検査も受けているのですが、一向に原因もわからず、お医者様からは異常なしの言葉しか返ってこず、不信感がつのるばかりでした。今度は別の病院を訪れてみようと思っていた矢先、波動教室に行き、のどのことを話したら見ていただくことができました。のどの写真を撮ったら、「イヌ小胞子菌がいるね。のどにいる時は口の中にもいるよ」と言われ、口の中の写真も撮ったら、やはりもっとたくさんのイヌ小胞子菌の存在がありました。「口とのどにいるということは、胃の中にもいるかもね」と言われ、胃の測定もしてくださいました。胃は反応が出ませんでしたが、波動が低く出ました。

そのような結果が出てから、のどの方をハンドパワーしてくださいました。すると、その場でのどの違和感がなくなり、楽になってしまいました。ここ何年ぶりのスッキリでうれしくなってしまいました。あと、家へ帰り、デトックス液を多めに使って口の中のうがいと飲用を教えていただいたとおりに実行したら、また一段とスッキリしてきました。

次の日、あまりにうれしかったので、お礼に伺ったところ、また測定してあげる、と言われ、お言葉に甘えました。口の中、のど、胃が昨日より良くなって全部プラス30に上がっていました。またハンドパワーをやっていただき測定したら、全部プラス60に上がっていました。数字が上がったと同じく私ののどや胃もますますスッキリで、のどの穴も大きくなった感じで気分爽快です。その後、ハンドパワーの後の尿は何か出てきているはずだから、と言われ、尿も写真撮りをして測定していただくと、のどや口の中にいたイヌ小胞子菌が1万以上も出てきていました。

お医者さんに行っても原因さえわからなかったのどの不快感が、あっという間になくなり、ハンドパワーのすごさに感動し、私もハンドパワーができるようになりたい旨告げると、波動が5000以上くらいになるとパワーが出るようになること、またそれには、人間的に、感謝、道徳、自己中心、協調性、すべてにおいてプラス度が高いことと、何より利他愛の心があるといいね、というお話をしてくださいました。

私もハンドパワーをやれたらいいなと思うので、パワーアップをめざして頑張りたいと思います。

癌の再発かもしれない！

岡崎市　65歳　女性　派遣業

私は、もう1年以上もひどい下痢で苦しんでいました。1日20回以上出ることもあり、送迎の仕事をしていた私は、車の運転中にもよおしてくると特に困ってしまいました。そのため、いつもコンビニの場所を頭の中に入れて運転していました。10年前大腸癌と子宮頸癌をして九死に一生を得たことがあるので、再発かなと心配しながらも、仕事を続けていました。

そんな時、友達の紹介で、野村先生に見ていただくことができました。先生は「霊的だね」と言って、その場で浄霊してくださり、またその後の浄霊のやり方を教えてくださいました。その後、あれだけひどかった下痢がわずかの期間ですっかりなくなってしまい、うれしくて先生にもご報告しました。

その後、今度は子宮もないのに、生理のように出血が始まり、子宮頸癌の再発かな？また心配がつのってきましたが、今度は信頼できる先生がおられるので、見ていただくと、また昔の霊が出てきたから浄霊していけば大丈夫、と言われました。先生の言われるように、出血している時は、霊が出てきている時で浄霊できると出血が止まる。3カ月近く、そんな状態が続きましたが、その後2年以上たちますが、出血の方は、ピッタリ止まってしまいました。

さらに、自転車に乗るとふらつき、肩こりがひどかった時も、先生が肩にハンドパワーしてくださったら肩こりもとれましたが、先生には話してなかった耳鳴りが急に静かになってしまい、驚きと感動がありました。また、ある時は腰痛が急に起こり、先生が腰の写真を撮り、そこにいた㊀40の腰痛の霊を浄霊するように言われ、自分で浄霊すると、その場で痛みがなくなってしまいました。

このように、私はどれだけ先生に助けていただいているかわかりません。先生との出会いがなかったら、今頃癌の再発であの世にいっていたと思います。息子にもお母さんに何かあったら先生に電話して、とお願いしています。先生に出会えたこと、神様のおしくみと、日々感謝しております。本当にいつもありがとうございます。

だるい、吐く、ケイレンと続き、つらくて不安な日々

岡崎市　26歳　女性　会社員

父親が肺癌で亡くなり、３カ月が過ぎ去りました。入院中、父の看病で病院での寝泊まりが多かったせいか、その頃より少しずつ体調がすぐれず、最近では座っているのもつら

く、病院で検査をしてもらいましたが、食物アレルギーが少しある、という検査結果しか出ませんでした。しかし私の身体は自分でなく、眠れなく、食欲もなく、重たくて、手足は氷のように冷たく、倦怠感で何もできない日々になってきていました。

そんな時、母の知り合いで、原因がわかる人がいると聞いていたので、この上はこの方に頼るしかないと思い、お願いしました。その方の家へお伺いして測定していただくと、アデノウイルスがたくさんいるということがわかり、すぐ除去してくださると、身体が楽になってきました。その方の話だと、身体に付いているのは全部除去してくださったけれど、まだ血液の中からどんどん出てくるし、フトンなどにもついているからそれらも除去していかなくてはいけない、というお話でした。血液の中は、何でもデトックス効果のある水を飲んでいくことで次第にきれいになっていく、というお話でした。

二日目は、その水を少し飲んだら、なぜか吐き気が起こってきて1日中止まらないので、またその夜も見ていただきました。すると、昨日全部きれいにしたアデノウイルスが、また3500も出てきていて、除去していただくと、また吐き気は治まってきました。

三日目、今度は激しいケイレンが起きてきて止まらなくなってきました。母が買い物から帰ってきてびっくりし、毎日見ていただくのも申し訳ないけれど、そんなことも言っておれる状態ではないので、また伺いました。いろいろ測定されていましたが、皆プラスに出て、普通の人と違うデータに首をかしげておられました。

汗が異常に出ることを告げると、甲状腺を見てくださり、甲状腺ホルモンの異常がマイナスということがわかったようでした。それはどうしたらプラスになるのか測定機でみると、デトックスの水がプラスになると出ました。私はデトックスの水を持っていたのですが、最初吐き気が起こってきたことがあり、飲むように聞いていたのですが、それを少ししか飲んでいなかったのでした。

その場でその水をたくさん飲ませていただき、その方からハンドパワーを30分ほどやっていただいたら、母が押さえても止まらなかったほどの激しいケイレンが治《おさ》まってきました。初日は倦怠感で、二日目は吐き気で、三日目はケイレンで、とどうなってしまうのか、母ともども心配不安の日々でした。

四日目は先生の方から心配してお電話をいただき、またお伺いいたしました。この日はほとんど治まっていて、軽いのが残っている程度でしたが、また３０００くらいウイルスが出てきていました。朝、自分で除去したのに、夜またこれだけ増えていたのでした。この日、先生は何かを感じたらしく、頭の方も測定したようでした。そして写真を撮られ、

「頭の前の方が腫瘍でマイナスになるのだけど、思いあたることないですか？」と聞かれました。すると、母が小さい時ブランコでその部分を思いっ切りぶつけてしまったこと、また小さい時から、頭が痛くて頭痛薬を欠かさないほど飲んでいて、効かなくなってきて、強いものに変えてきている旨を伝えました。先生は、吐き気、ケイレンはこれが原因だね、と言われました。デトックスの水でお掃除が始まりかけたのに、飲み方が十分でなかったため、浄化作用がしっかりできなかった、と話されました。手足の異常な冷たさ、頭の腫瘍のため、ネックレスもつけて血流も上げることにし、ウイルスも除去しながら頑張る約束をしました。近くにすばらしい人がいて危機を助けていただき、母ともども喜んでおります。本当にありがとうございました。

※お母さんは、亡くなられたご主人も娘と同じような症状だったので、看病した時にもらったのかもしれない、と言われるので、ご主人の使っていた毛布などを写真に撮ってきてもらったところ、やはり同じアデノウイルスが１万近く測定されました。ご主人もそういうところから病気が悪化したのかもしれません。

３度続いた災難

豊橋市　60歳　女性　会社社長

私と野村先生との出会いは、義理の姉が懇意にしていた方だったので、紹介していただきました。先生は、とても興味のある話をたくさんしてくださり、私はいっぺんに先生のファンになってしまいました。私の周りには、神様とか霊とか信じる人が多く、友達にも大勢先生を紹介し、皆で見ていただきました。原因はすぐにわかるし、身体は楽になるし、皆大喜びでした。また先生は、質問すれば何でも納得のいく答えが返ってきますし、あまりにも研究熱心で、発見・解明の人だから、博士という言葉の方が合ってるね、と皆で博士と呼んだりしています。

ある日、私は、階段から転がり落ちてしまいました。その時は運良く青あざ程度ですみましたが、半月後、今度は食卓の角に額を思い切りぶつけてしまい、出血し腫れて、その傷痕の痛みが続いていました。それなのに、二日後、またしてもトラックとぶつかる自動車事故が起きてしまったのです。たび重なる災難に、これはもう何か怖いものに憑かれてしまったのに違いないから、先生に見ていただくまでは外出できない、と思いました。

皆は「脳の神経がおかしいから脳外科へ行った方がいいよ」と言われましたが、私は先生のことしか頭に浮かびませんでした。もう一人の親友も、最近誰に対しても異常に腹が立ち、怒ってばかりいるので、これまた何か変なのが憑いたのじゃないか？　と二人で岡崎の先生宅までお伺いし、見ていただくことをお願いいたしました。

先生宅へお伺いし、さっそく写真を撮り見ていただくと、私が飯台の角に額をぶつけ、痛くて顔も洗ってなかった傷痕にマイナス1000近くのうらみの霊が憑いていて、先生に自分で取るように言われました。吸着板で痛い、痛い、痛いと言いながら取ると、先生は再度写真を撮り、「もう全部取れたから」とおっしゃいました。すると、今まで痛くて痛くてずっと気になってたところなのに、なぜかスーと痛みがなくなってきたので指で強く押してみたが痛くないのです。あれだけ痛くて顔も洗えなかったのに、ものの2、3分で消滅してしまった痛み！　あまりの不思議さに、一緒に来た友達と顔を見合わせ、二人とも鳥肌が立ってきたのでした。

また、その霊はうらみ霊で、神経組織がマイナスということでした。なるほど神経が故障していたから階段を踏みはずしたり、食卓の角やトラックとも避けられず、事故になってしまったことが理解できるのでした。次に友達も写真を撮ると、胸にサタン霊がたくさん憑いていて、やはり私と同様自分で取ると、友達もすぐなぜか腹立ちが収まってきた、と言ったと同時に、顔の人相がやわらかくなってきました。こうして、二人の怖い呪いが解けたのでした。

※二人とも浄霊のやり方を知っていたのに、偶然憑いていた場所だけやっていなかったことで、痛みや怒りの症状が残っていたみたいです。

安心して過ごせる生活

豊田市　30歳　女性　保育士

ある日の朝、左腹部に痛みを感じながらも、忙しいため鎮痛剤を飲み、仕事をしていました。半日過ぎた頃から、腹部以外に腰まで痛くなり、歩くこともつらくなってきました。夕方、主人の帰りを待ち、救急病院へ。その時には話すこともつらい状態でした。血液検査、ＣＴ、エコーと検査を受け、大腸憩室炎という病名と判断され、すぐ入院治療が必要だと告げられました。どんな治療を受けるのかとたずねると、絶食治療をしながら抗生物質で炎症を抑え、時として手術の可能性もあると説明を受けました。その話を聞いている時、野村さんのことを思い出し、先生に明朝入院することを約束し、無理やり帰宅。その足で野村さん宅で見てもらい、浄霊していただきました。

その後は、うそのように背筋も伸び、声を出すこともつらかったのに、普通に歩いて帰ることができました。その時ネックレスをお借りして一晩寝ました。翌朝、病院で血液検査を受けたら、昨日の検査結果がうそのように正常に戻っていました。診察をしてくれた先生がとても不思議がられていましたが、入院もなく、今は普通に生活をしています。

私は、2年ほど前にも肝臓で入院したことがあります。入院治療を受ければ治ったように見えても、また発病するのではと、毎日の生活がとても不安でした。でも今は野村さんとご縁があったことで、おかげで生活が安心して過ごせることが一番うれしいです。野村さんに出会えたことに感謝でいっぱいです。そして出会わせてくれた友人にも感謝でいっぱいです。ありがとうございました。

消えた？　増えた？　子どもの指

豊橋市　40歳　男性　整備士

携帯電話のカメラで愛娘の写真を撮ったら、ピースしている2本の指が4本に写ってしまったのと、もう片方のピースしている2本の指が消えて写ってしまったので、波動士さんとお会いしたときに、面白半分でみていただいたところ、なんとレオウイルスというものと、ヒステリーが見受けられると言われました。レオウイルスというものが何なのか、どのような害を及ぼすのかは詳しくは知りませんが、除去していただきました。

ヒステリーについてですが、４歳になる娘ともなると、成長がうかがえる発言も増えてきます。しかし、時々、親の想像を絶することを口にするようになりました。父親である私が、いつものように注意すると「父ちゃんなんか、海に捨ててやる‼」などと言われました。驚きましたが、反抗期かなと思い、適当に再度注意してその場は過ぎました。この話を妻に話したところ、なんと妻も「母ちゃんなんか、ゴミ箱に捨てちゃうよ！」なんて言われたとのこと。どこで覚えたのか、もちろん、普段そのような会話なんてしてません。テレビによるものなのか、または友達からなのかはわかりませんが、あまりにもリアリティーあふれる言動だったので記憶に残っています。

この話を波動士さんにお話ししたところ、すぐに調べてくださり、なんと「ヒステリーの霊だね」と軽く一言。私は思わず「何⁉　ヒステリー⁉　そんなコード番号があるのですか？（半笑）」と尋ねると、「あるよ」とまた軽く一言。そして淡々と除去してくださいました。その後、不思議と娘はあのような暴言は、吐かなくなりました。

※写真の中には、このように霊や菌やウイルスがついている時、変形したり、消えたりして誰が見てもわかるような写真が偶然撮れることが多多あります。

３度の流産、４度目の子宝に恵まれて

岡崎市　50歳　女性　自営業

息子の嫁は、結婚してすぐ子どもを授かったのですが、お腹で育たなく、３回とも流産してしまいました。次に出来たと聞いた時は、以前と同じく、顔色も悪く、食欲もなく、お腹の痛みもあるようでした。病院では、異常ないと言われるのですが、３回も同じことを繰り返しているのです。今回も何ともないと言われても、本人の体調がそのようでは、心配になるのが当然です。

ふと何年か前に友達から紹介してもらった波動の先生のことを思い出しました。先生ならきっとなんとかしてくださるものと思い、さっそく髪の毛を持っていって測定していただいたところ、原因は本人ではなく、子宮の悪い霊障であり、その人がいい所へ行ってくだされば、たぶん大丈夫と言われました。

数日後、先生が波動機を持ってきてくださり、憑いている霊障を全部取ってくださいました。しかし、また血液の中から出てきたりするので、塩等で何度も浄霊をするように教えていただきました。また嫁は体温が低いので、波動を上げるため、磁石ネックレスをつけたところ、青白かった顔が赤みをさしてきました。そして日に日に元気になってきて、

予定より2週間早く、元気な男の子に恵まれました。

いろんな出会いがあり、友達のおかげで波動の先生に巡り合い、私たち家族は、嫁だけでなく主人も私も息子も、いろいろと助けていただき、感謝の気持ちでいっぱいです。嫁も頑張ってくれてよかった、と思っています。そして今年、二人目が授かりました。本当にありがとうございました。また、同じように苦しんでいる人や悩んでいる人に教えてあげたいと思います。

私にもできた修繕いろいろ

豊橋市　55歳　女性　波動士

野村さんとお付き合いしていく中、野村さんは日々進化していき、人間が生産した作物や商品まで霊障等が憑いたり、故障する、と教えてくれました。

そんな時、私も買ったばかりの携帯電話が駄目になり、メーカーに送っても、あなたの不注意で故障しているようだから直らない、と返却されてきました。新しく買うのももったいなく、野村さんが話していたようなことを思い出し、自分も塩など使っていろいろとやってみたところ、正常になり、もう2年以上も使用しています。その後も、時計や洗濯機、電気釜なども直して使用しています。私が教えてあげた人たちも、ボチボチ自分の家の故障を直した事実が少しずつ聞こえてきています。

このようなことからも、野村さんが言われる、霊障・菌・ウイルスによって、病気や故障が起きていることが身にしみて納得でき、この事実を知って実行することが、すべての改善の道だと結論に達しています。

誰も知り得ない重大な発見を、身近にいた野村さんによって一早く教えていただけたことは、私の一生で最高の幸せです。本当にありがとうございました。

第7章　簡単浄霊方法

■浄霊4点セット

①高波動の塩（プラス1万以上の塩）
　塩の中に霊・菌・ウイルスを取り込む。
②高波動の写真（プラス1万以上の写真）Ａ４　２枚
　写真ではさみ、霊・菌・ウイルスをプラス波動にする。
③高波動の写真（プラス1万以上の写真）Ｌ判　２枚
　第７頸椎と丹田に当て、霊等を追い出す力となるもの。

④吸着板　２個

身体や物についた霊・菌・ウイルスを吸着させる。

他には、デトックス液を飲み、血液の中・口の中の霊・菌・ウイルスの浄化、また薬害・重金属の排出作用に、また調味料・飲み物・肉・魚・野菜等の浄化に使用する。部屋等の浄化には高波動の線香をたきます。

※高波動とは

神様、仏様と同じプラス１万以上あることで、霊・菌・ウイルスを塩の中に取り込んだり、除去したり、天国へ導くことができます。

今日まで、たくさんいろいろなものを測定してきましたが、多くは百まで、良くても千くらいが最高でした。これらのパワーでは、霊・菌・ウイルスを天国へ導くことはできません。

この本に書かれている、霊・菌・ウイルスの浄霊また除去方法は、先程の浄霊4点セット等により、会員の皆様がご自分たちで行った結果得られた体験の数々です。本を読み終えられ、自分も会員（信じて賛同された方々の会）になり、一緒に霊・菌・ウイルス等を除去していきたいと思われた方のみ、これらの商品をお分けさせていただきますので、ファックス、電話等で、〒・住所・氏名・ＴＥＬ・ＦＡＸ・希望等を書いてご連絡ください。詳細をお知らせします。また、原因解明をご希望の方も、その旨お知らせください。

最後のページに連絡先が記載してあります。

おわび

今回出版させていただいた本の中には、それを証明する写真が山程あり、読者の皆様にも見ていただいた方が真実性もあり、理解していただけると思い、用意したのですが、膨大な量になってしまい、残念ながら断念せざるを得なくなってしまいました。

その中には、世界で初めて、というような写真も、たくさんあり、写真展を開催したり、写真集を出版したいくらいです。そしてその写真の内容も、世界中の誰よりも、すべて解明でき、解説できるのです。会場へ参加していただけましたら、そのときは、ぜひ見ていただきたいと思います。

おわりに

今世紀に入り、ますます科学万能の時代になり、いろんな方面で素晴らしい研究が進み、実用化され、また成果も出せる世の中になってまいりました。しかしながら、素人の私なりに思うのですが、環境や医学の面では、どうしても納得できない部分がたくさんあり、考えると胸が苦しくなってきます。

環境では、温暖化現象が著しく進み、いたる所でその代償は大きい。これも元《もと》はといえば、自分たちの利益のことしか考えなかった人類が自然を破壊し、公害を出してきたのが、そのまま自分たちに返ってきた結果だと誰もが感じるところです。

私は60歳を超えましたが、小学生の頃はゴミを川に投げるということが多かったのです。子ども心にそのことが嫌いで納得できず、そういった大人を軽蔑し、どうにもならない現実に小さな胸を痛めていました。今では法律が出来、ゴミ収集やリサイクル収集まで始まり、本当にありがたい世の中になってきましたが、多くの公害を出している要因の中には、現代の私たちには欠かせなくなってしまった自動車から出る排気ガスです。そのうえに、ますます重要なことは、地下に眠っている石油を、どんどん湯水のように使ってしまっている現実です。このまま消費し続けたら、近い将来枯渇してしまうでしょう。

創造主が何十億年かけて創造してくださった、この素晴らしく美しい地球が人間の欲のために無残な姿になってきています。「もうやめて」と叫んでいるのは、地球はもちろん、その上に住む人間も動物も植物も、みんなです。特に子どもや動物や植物は、自分たちの力ではどうすることもできないのです。私たち大人が、政治が、守ってあげなければいけないのです。

最近出会った人で、石油を使わずに、ある特殊なエネルギーの入った水を、石油と同じようにタンクに入れて走らせることができる、という話を聞きました。それが事実かどうかは、実際見てみなければわからないけれど、その人がおっしゃることは、今まで真実が多いので、私もそれが本当なら世界中が助かることなので、夢でも希望があるし、現実のことかもしれない期待もあり、1日も早く実現していただきたいと願うと同時に、私もお力になれたら……と思っています。

また、もう一つ重大なことは現代の医療です。これだけ科学が進んできたのに、病人は増えるばかり。国の健康保険に使うお金もどんどん増えています。腎臓で透析、糖尿でインシュリン、血圧で降下剤と、薬と注射また透析ともなれば1日おきくらいに病院へ行って処置していただかないといけない。こうなったら、一生、薬や注射や機械のお世話になり、止めることができない。

これが本当の医療でしょうか？　こういう力を借りるのは、一時、対症療法で行うことはもちろん大切なことだと思いますが、そのことは、本当に治しているとはどうしても思えないのです。本当に治してくださるのなら、一生薬漬け、注射漬けでなく、そういったものを必要としなくても体調が良くて元気という身体にしてくださってこそ、本物の医術といえるのではないでしょうか？

しかしながら、そこに到達できないということは、病気の大本の原因が解明されていないから対症療法になってしまうのです。原因さえわかれば、それを取り除けば、その場で元気になってしまうのです。病気や精神や故障などの大半が、こういったことが原因なのですよ、ということに尽きてきます。

私事ですが、60年の間に子どもが亡くなったり、次にさずかった次男も難病になり克服したかと思えばまた16回以上も入院をする破目にもなったり、自分も癌になり、最近では主人もスキルス性癌にもなり、克服したかと思えば、悪条件の中、最悪の霊に憑かれ、戦いに負け、多くの貴重な教訓を残して天国に旅立った主人と、本当にいろんな体験をしてまいりました。私も家族も、60年間、皆様と同じく、お医者様や病院のお世話になり、今日まで生かされてきたのは、おかげがあったこその結果です。これからもお世話になることは多々あると思います。

しかしながら、私の持論は、息子のたび重なる入院といい、私の持病といい、入院とか薬とかではなく、一時的にはお医者様の力も借りながら、でも最終は自分自身の力で克服したいと思い、それに向けて決してあきらめず、まい進してきました。そのおかげで、良い人、良い機械、良い物、良い体験、良い環境、良い結果等に恵まれ、日々進化、進展してまいりました。

この本を読まれた方は、大体のことがつかめてきたと思いますが、ここで簡単に整理させていただくと、人間、動物、植物などの病気や不調の原因、また機械や電化製品、車、カメラ、電話などの故障の原因の大半が、霊的存在・ウイルス・菌等が、人や動物、物などについてしまうことにより異常が発生してしまうので、それをすぐさま取り除くことによって、その場で改善してしまうという事実です。

ただ、長年その病気などを患ってしまっていると、血液の中、身体の肉の中、フトンの中など、生活面のところにも散らばっているので、それらも取り除いていくと、いっそう早く良い結果を出せることになります。

本を読まれた皆様は、こういった目に見えない世界が実在していることを頭に入れ、元気なうちにこの事実を把握され、簡単なことなので自分で浄霊方法をマスターしておけば、風邪菌が来ようとインフルエンザ、花粉症、腰痛、頭痛、さらに私のように骨折から捻挫、アトピー、メニエールまで、何が来ても2、3日でOKです。私のようにベテランになると来た数にもよりますが、その場か、2、3時間でOKです。しかし、60年間掃除もできず増えてしまったものに関しては、外に出た分だけどんどん身体は正常になってきていますが、まだまだいまだに出続けています。

いかに少しでも早くこの事実を知り、霊の面の掃除が大切かに尽きます。この本を読まれ感銘された方は、自分の健康、家族の健康、ひいては周りの人、大切な人などにもお伝えしていただきたいと思います。

私は現在、近辺での実演会場しかやっていませんが、真実かどうか確かめてみたい人は会場まで足を延ばしてみてください。電話などくだされば、会場の日時、場所など連絡させていただきます。
また、この事実を日本中に、また世界へと伝えていかなければ、と志を持たれた方がおられましたら、世界が変わる第一歩を、そんな皆さんと一緒に歩んでいけたらいいいな！と思っております。

この本を読まれ、ご賛同くださった方、また話を聞きたいと思われる方は、左記ＦＡＸか電話、Ｅメールにて、お問い合わせください。

未来波動実践友の会
〒４４４－０９０８　愛知県岡崎市橋目町字神田21－５
ＦＡＸ　０５６４－３２－４７８１
携帯電話番号　０８０－３６２７－５５１１
メールアドレス　asuwa@yk.commufa.jp

(巻末付録) なるほど・感動・不思議・発見

■動物の身体と心の中

全身の毛がまっ白になった犬	毛がまっ白→深悲⊖10 主人失った時 毛が少し黒→深悲⊖7 少し癒えた時	自分
脱走牛の心中（食肉処理場へ向かう途中）	恐怖・怒り・ストレス⊖7パニック⊖4 不安・死に対する恐怖⊖10	自分
シカが氷の湖に！ カラスの襲撃→脱出	氷が割れて湖の中へ　パニック⊖10 カラスの襲撃 恐怖⊖10 脱出 恐怖⊖3	自分
愛情いっぱい！　子猫4匹炎より救出母親	やけど⊖7　痛み⊖6 感謝・道徳等すべて⊕99以上	自分
アメリカ・街を救出猫	感謝・道徳等すべて⊕99以上	自分
巨大つのラーチ君 頭⊖10,005	レオウイルス⊖5 ×2,001 帯状回（頭の中）⊖5	ウイルス
毛のないペンギン ⊖5,000以上	サイトメガロウイルス⊖5 アトピー⊖3・かゆみ⊖2	ウイルス
クジラ200頭が海岸に	インフルエンザウイルス⊖10 脳全体⊖10	ウイルス
超うるさいカラス	怒り・自己中心・虚偽⊖4感謝⊖5	霊障
タイ・ゾウ大暴れ 背中に⊖18	ヒステリー・パニック・腹立たしい ⊖9×2霊	霊障
餌から逃げる絶食犬 右目に⊖3,720	胃癌⊖3　胃⊖6×620霊	霊障
4年間心を閉ざす犬 左目⊖978	不信・恐怖・否定的⊖6×163霊	霊障

■誰でもよかった殺人事件

秋葉原無差別17人殺傷 両耳共㊀1万以上	うらみ・自己中心・ストレス・怒り・協調性・サタンネコ㊀7の集合
茨城・土浦市8人殺傷 右目㊀1万以上	うらみ・自己中心・感謝・虚偽・サタン㊀7の集合
闇サイトで出会った3人の残虐殺人 全員・目に㊀1万以上	感謝・自己中心㊀7のサタンキツネの集合が二人と感謝・自己中心 ㊀7のうらみ霊の集合が一人
大阪・京都連続殺人未遂　左目㊀1万以上	自己中心・虚偽・道徳感・うらみ ㊀7の集合
奈良女児誘拐殺人事件 右目㊀1万以上	自己中心・虚偽・神経異常・うらみ ㊀7の集合

■神経疾患・アルコール依存症事件

連続幼女誘拐殺人犯M 右目㊀1万以上 部屋の中にも何万も！	感謝・自己中心・虚偽・協調性・神経異常 サタンヘビ㊀9の集合
足に画びょう　虐待父親　左目㊀1万以上	感謝・自己中心・短気・神経異常 サタンキツネ㊀9の集合
同窓会の8人死傷 飲酒でひき逃げ事故 右目・現場に㊀1万以上	ストレス・アルコール依存症 サタンヘビ㊀10の集合
酒鬼薔薇聖斗少年事件 左目㊀1万以上	神経異常 サタンキツネ㊀7の集合
元厚生事務次官宅襲撃 高校生までは異常なし 右目㊀1万以上	自己中心・感謝・虚偽 ストレス・サタンキツネ㊀7の集合

■同じ霊団の集まり

老舗菓子メーカー 代々社長・工場長にうらみ霊	神経異常・深い悲しみ・怒り・うらみ㊀７の集合
カルト教団教祖幹部二人にも同一霊 右目㊀１万以上	神経異常・虚偽・道徳・感謝・自分中心・うらみ㊀10の集合
北朝鮮Ｋ　平成18年の写真　左目　１万以上	神経異常・自己中心・協調性・道徳・感謝・サタン㊀10の集合
世界貿易センター ９・11テロ　テロ犯人他　アルカイダ全員	神経異常・虚偽・道徳・感謝・自己中心・キツネ㊀７の集合
女子高生コンクリ詰め殺人事件 目に㊀１万以上	感謝・自己中心・虚偽・サタンキツネ㊀８の集合
相撲部屋新弟子力士暴行死事件 元親方右目㊀１万以上 他に３人の弟子の目にも同じ霊障	怒り・虚偽・うらみ・ヘビ㊀８の集合

■有名人の死

昭和を代表、超大物女性歌手　左目⊖10,000以上　胸⊖10,000以上	骨折⊖４　関節⊖３　痛み⊖３の集合 薬害⊖３は本人
美人薄命女優 右目右胸に	白血病・癌⊖８のうらみ霊の集合
十代熱烈支持カリスマ男性ロック歌手　首後⊖10,000　左目⊖5,000	うつ⊖７の深い悲しみの霊の集合
人気女性タレント・ベストセラー作家 右目⊖１万近く	うつ⊖７のヘビの集合
人気逆ギレ漫才師 頭右⊖10,010 のど⊖10,000以上	免疫⊖２　血液⊖２　薬害⊖５の深い悲しみの集合
超大物作詞家・作家 左頬⊖10,015	尿管⊖５　尿管癌⊖３の妄念霊の集合
超個性的髪形女優	53歳　右鎖骨辺⊖2,000　背中⊖3,540 57歳　右鎖骨辺⊖9,810 71歳　右鎖骨辺⊖20,000　背中⊖17,100 77歳　右鎖骨辺⊖40,000 乳腺⊖20、乳腺癌⊖６、骨粗しょう症⊖３、気管支⊖６のキツネ 25年間で３回手術、20倍に増殖した乳癌と戦い続けました。

■線維筋痛症患者200万人、痛みとの戦い

靱帯骨化症　脊髄を圧迫している骨に何万も！(MRIに写った白い固まり)	痛み・靭帯・キツネ㊀6の集合
串刺しの痛み 右側頭㊀１万以上	痛み・靭帯・頸椎・うらみ・キツネ㊀6の集合
熟睡もできぬ痛み 右側頭㊀１万以上	頸椎・痛み・靭帯・キツネ㊀6の集合
有名アナウンサーの死 右側頭１万以上	痛み㊀４・靭帯・うつ・ヘビ㊀４の集合
血がうっ血している感じ　左肺辺に１万以上	痛み・靭帯・肺・深い悲しみ㊀５の集合
腰から足、首の筋まで長年の痛み 左首に１万以上	痛み・靭帯・キツネ㊀6の集合

■10倍の早さで老いる（世界のプロジェリア）

1人目　額に 2人目　頭に 3人目　頭に 4人目　額に 5人目　頭に 6人目　額に 7人目　額とのど 8人目　額とのど 9人目　額とのど 10人目　額とのど 11人目　のどに	レオウイルス㊀6,620以上 菱脳が㊀ レオウイルス㊀11,000以上 扁桃核が㊀ オードアン胞子菌㊀10,000以上 扁桃核が㊀ レオウイルス㊀10,000以上 中脳が㊀ レオウイルス㊀10,000以上 扁桃核が㊀ アデノウイルス㊀6,790以上 中脳が㊀ アデノウイルス㊀10,000以上 菱脳が㊀ アデノウイルス㊀20,000以上 菱脳が㊀ アデノウイルス㊀10,000以上 菱脳が㊀ アデノウイルス㊀10,000以上 菱脳が㊀ サイトメガロウイルス㊀10,000以上 菱脳が㊀
世界一小さい 頭に㊀1万以上	第9胸椎、帯状回㊀10の集合
世界一高い 頭に㊀1万以上	第9胸椎、中脳水道㊀10の集合
世界一肥満 頭に㊀1万以上	肥満㊀15の集合

■原爆・墜落・テロ

広島原爆そのもの	協調性・自己中心・怒り・感謝・サタン㊀7の集合
長崎原爆そのもの	協調性・自己中心・怒り・感謝・サタン㊀10の集合
原爆に加担した人 頭右側㊀1万以上	うらみ・怒り・感謝・サタン㊀6の集合
広島原爆ドーム	放射能毒素㊀20
原爆被害者	（重症）（軽症） 放射能毒素　㊀15　㊀3 怒り　㊀9　㊀5 痛み　㊀9　㊀3 やけど　㊀9　㊀5 深い悲しみ　㊀9　㊀5 うらみ　㊀5　㊀3
墜落飛行機 まん中㊀1万以上	感謝・うらみ・怒り・サタン㊀7の集合
テロで崩れた世界貿易センタービル内	深い悲しみ・恐怖・パニック㊀10、痛み㊀8

■原因不明の難病

愛は地球を救う 魚鱗癬《ぎょりんせん》5名	やけど・深悲⊖9の集合 ※広島や長崎の原爆で亡くなった方の思念でしょうか？
太陽に当たれない子どもたち	原爆か火事で亡くなった方の思念 やけど・深い悲しみ⊖7の集合
寝たきりの友達	第9胸椎⊖6　骨組織⊖8の集合
10歳で逝《い》った娘 左目　⊖10,025	白血病・血流・深い悲しみ⊖5の集合
ママ泣いちゃダメ！ 癌と闘った6歳 左のホッペ⊖10,045	癌・深い悲しみ⊖5の集合
難病ALS（筋萎縮性側索硬化症） 患者11名（テレビ出演）	全員、頭・顔の中に平均⊖5,000以上憑いている 重症筋無力・深い悲しみ⊖6の集合の霊が9名に。筋肉組織⊖6の集合の霊が2名に。

■女の事件

和歌山毒入りカレー事件　右目㊀1万以上	感謝・自己中心・神経組織・サタンヘビ㊀8の集合
神奈川わが子何人も殺害　左目に㊀1万以上 長男保育園頃、左目㊀6,420だったが…	感謝・自己中心・第一頸椎・サタンヘビ㊀7の集合
秋田わが子・隣人の子ども殺人 右目に㊀1万以上	感謝・虚偽・道徳・協調性・神経組織・サタンネコ㊀7の集合 小学生の頃右目㊀49だったが 高校㊀4,870、出産した時㊀8,390と、だんだん増えてきていた。
大音量ラジカセ　フトンたたき主婦 左目㊀10,075	怒り・感謝・協調性・自己中心・うらみ㊀6の集合
高級料亭ささやき女将 眉間に㊀10,000以上	道徳・自己中心・虚偽・怒り・うらみ㊀6の集合

■悪徳詐欺事件

15億円集め夜逃げ女相場師 左目㊀1万以上	自己中心・道徳・虚偽・キツネ㊀8の集合
インチキ疑似通貨運営会長 左目㊀1万以上	感謝・自己中心・道徳・虚偽・ヘビ㊀8の集合

■独裁者最後の心中《しんちゅう》

フセイン処刑の日	11／５処刑１カ月前			12／30処刑直前
	心臓	⊕６		⊕６
	頭全体	⊕７		⊕７
	怒り	⊕13	→	⊖10
	死に対する恐怖	⊕20	→	⊖10
	深い悲しみ	⊕13	→	⊖10
	神経異常	⊖８		⊖８
	自分中心	⊖８		⊖８
	感謝	⊖８		⊖８
	サタン	⊖８		⊖８

■たくらみ・もくろみ波動

ロス疑惑 右目と頭に⊖１万以上	もくろみ・虚偽・道徳心・自己中心等が⊖８の集合 ※死亡前の自分自身　ストレス⊖
投資話で20億円詐欺主婦（45歳） 左目に⊖１万以上	もくろみ・虚偽・道徳心・サタンネコ⊖９の集合
夫殺害、被害者装い涙 左目に⊖１万以上	もくろみ・虚偽・道徳心・自己中心・サタンキツネ⊖７の集合
埼玉保険金殺人犯 左目⊖１万以上	もくろみ・虚偽・道徳心・自己中心・サタン⊖10の集合
外国人、男性33人を殺し、地下室に埋めた 左目に⊖１万以上	もくろみ・自己中心・感謝・不信疑惑・うらみ・怒り・サタン⊖10の集合

■悪魔払いの儀式

10年以上悪魔の存在に悩まされている女性	頭に感謝・ヒステリー・神経異常㊀9のサタンキツネの集合
両方から押さえ込まれている男性	頭に感謝・自己中心・虚偽㊀9のサタンキツネの集合
「十字架に近寄るな！　熱い！　熱い！」と叫ぶ女性	頭に感謝・自己中心・道徳観㊀9のサタンキツネの集合
「こんなことやっても無駄だぞ」と叫ぶ女性	頭に感謝・自己中心・道徳観・短気㊀9のサタンキツネの集合
自分の首をしめてしまう男性	首に感謝・自己中心・怒り・うらみ㊀10のうらみの集合
教会で働く女性	右目に自己中心・協調性・虚偽・怒り㊀9のうらみの集合
神父様の聖霊に「やめろコノヤロー」と叫ぶ女性	頭に感謝・自己中心・道徳観・怒り㊀9のうらみの集合

■エジプト３千年の歴史がよみがえる

ラムセス２世 免疫㊉4　精巣㊉2	90歳以上生き 女性30数人　アレルギー㊀3 子ども100人　脳血栓㊀10　死因
ツタンカーメン 免疫㊉2　精巣㊉18	足首にギブス（ＣＴスキャンで） 心臓・感染症（死因）・歩行困難・骨折・関節炎・痛み㊀6

■世界の恐怖映像分析

空から落ちてきた岩石の中から謎の生命体	オードアン胞子菌が謎の生命体の頭の方に⊖7,890
巨大飛行物体	新型インフルエンザウイルスが裏側まん中横の方で⊖1万以上
廃墟をさまようもの 巨大顔 1万以上	前立腺癌・妄念⊖6の集合
廃病院の少女	肺結核・妄念⊖6の集合
樹海をさまよう 1万以上	うつ・肺・淋しい・深い悲しみ⊖6の集合
岩につかまる手 1万以上	肺・感謝・自己中心・怒り・うらみ⊖7の集合
映画に映った女性 1万以上	感謝・自己中心・道徳・虚偽・サタンキツネ⊖7の集合
上半身が消えた子ども 両隣の白い発光体の上の方に何万も！	感謝・自己中心・道徳・虚偽・怒り・うらみ⊖10の集合
誕生日の訪問	クモ膜・痛み・深い悲しみ⊖10で事故死した女児が！
机の下の女性の顔	狭心症・痛み・妄念⊖9の集合
呪われたアパート 男性と子ども 1万以上	両方が肺・やけど・妄念⊖10の集合 男性の精巣が⊕10、子どもが⊕20
子どもの笑い声 つかまれた手	卵巣癌・痛み⊖4、妄念⊖7の集合が探検隊の手に！
高波動の霊能者 右目に1万以上	第3腰椎・黄体形成ホルモンLH⊖7の集合

■性中枢異常事件

24年間、娘監禁父親 右目に㊀1万以上	性中枢・もくろみ・虚偽・自己中心が㊀8の集合
エレベーターで女児暴行、防犯カメラに写る 右目㊀1万以上	性中枢・道徳観・短気・自己中心・サタンヘビ㊀7の集合
13歳女子フィギュア選手暴行元コーチ 右目㊀1万以上	性中枢・自己中心・道徳観・サタンヘビ㊀6の集合
隣人女性殺害切りきざみトイレへ流し犯 右目㊀1万以上	性中枢・感謝・自己中心・短気・虚偽・神経組織・サタンキツネ㊀8の集合
同棲妊婦殺害、死体遺棄 みけん㊀5,000	性中枢・自己中心・道徳観・短気・虚偽・ヘビ㊀7の集合
愛人17人、19億円貢いだ男　左目1万以上	性中枢・自己中心・協調性・虚偽・妄念㊀7の集合
イギリス発　15歳で出産女児、8人のボーイフレンド　右目㊀30	性中枢・道徳観㊀6が5霊

■事実を知って信じていただきたい有名人

朝のワイドショー担当大御所司会者　左あご首辺　どんどん増えて㊀１万以上	糖尿・膵臓・インシュリン・妄念㊀４の集合
カリスマ人気女性歌手 左目㊀9,210 右ひじ・右胸㊀9,510	内耳・半規管・妄念㊀４の集合
スケートリンク上でプロポーズされた女性 胸に㊀10,000以上	父親と同じ肺癌霊が憑いている。 肺癌・深い悲しみの霊の集合
北京オリンピックで棄権した中国選手	両足ひざ下㊀40,000以上 筋肉組織・深い悲しみ㊀５　痛み㊀４ ※この足では痛くてどんな人でも走れないでしょう！
北京オリンピック金メダリスト　女子ソフトボール内野手 右目に㊀930	心臓㊀５の集合
全盲ピアニスト 右側首に㊀１万以上	第３頸椎・視力㊀８　深い悲しみの霊の集合

著者略歴

野村文子（のむら ふみこ）

・昭和22年12月18日生まれ
・射手座・O型・福井県出身
・20年前より主婦のアイデアで、困っているものを商品化し、ヒット商品を続出させる。
・10年前、波動に出合い、独自の発想・研究により病気・不幸の原因を解明、簡単除去・解決策を指導する。主に霊障・菌・ウイルスを未来波動で検知し、未来科学で天国に導く。
・平成17年８月「波動で見抜く人生の真実」出版
・現在、アイデア商品企画製造販売（株）足《ア》ス《ス》羽《ワ》 取締役
　　　　未来波動実践友の会会長

未来波動が教える病気の正体

2010年４月１日　初版第１刷発行

著　者　野村文子
発行者　韮澤潤一郎
発行所　株式会社たま出版
　　　　〒160-0004　東京都新宿区四谷４－28－20
　　　　☎ 03-5369-3051（代表）
　　　　http://tamabook.com
　　　　振替　00130-5-94804

印刷所　図書印刷株式会社

ISBN978-4-8127-0296-3　C0011